ブックレット《アジアを学ぼう》別巻⑯

水上 遼

語り合うスンナ派とシーア派

十二イマーム崇敬から中世イスラーム史を再考する

風響社

年表

632	預言者ムハンマド没。 アブー・バクルが初代正統カリフとなるが、アリー支持者たちはアリーを初代イマームとみなす。
656	アリーが第4代正統カリフとなる。
661	アリーが殺害される。 アリーの子ハサンがムアーウィヤに降伏する。 ムアーウィヤによりウマイヤ朝（～750）が成立する。
680	カルバラーで第3代イマームのフサインが殺害される。
749	アッバース朝（～1258）が成立。
874	第11代イマームが没。第12代イマームが「お隠れ」を開始。
945	シーア派のブワイフ朝がバグダードを占領。
12世紀半ば	一部のスンナ派学者たちの間で十二イマーム崇敬が流行し始める。
1180	十二イマームに関心を持つアッバース朝カリフ、ナースィルが即位（～1225）。
1258	モンゴルの侵入によりアッバース朝が滅亡。
1310	シーア派学者アッラーマ・ヒッリーがイルハン朝君主オルジェイトのもとで『確信の開示』を執筆。

凡例

1．年号

年号は西暦で統一した。ヒジュラ暦を西暦に換算するにあたって2つの年にまたがる場合、／を用いて「六五〇／一年」などと表記した。

2．地名・用語の表記は原則として『岩波イスラーム辞典』に準拠した。

3．クルアーンの翻訳については、中田考監修『日亜対訳クルアーン』（作品社、2014）の訳文を採用した。ただし、本文の文脈に合わせて若干の変更を加えた。

語り合うスンナ派とシーア派——十二イマーム崇敬から中世イスラーム史を再考する

水上　遼

はじめに

イスラームという宗教には「イマーム」と呼ばれる人々がいる。イマームというアラビア語由来の単語には「前に立って人々を導く者」という意味があり、そこから「礼拝の導師」「偉大な学者」など様々な意味が派生した。エジプトにあるイスラームの宗教諸学問の権威アズハル学院の総長は大イマームと呼ばれ、またイラン・イスラーム革命の指導者ホメイニーもまたイマーム（ペルシア語発音ではエマーム）と呼ばれる。一方、イマームという語は、イスラーム全体の指導者、あるいはムスリム（イスラーム教徒）たちの規範とされる十二人の者たちを指すこともある。本書では、この「十二イマーム」と呼ばれる者たちの正統性が、イスラーム内の宗派の間で、あるいは宗派の内部でどのように議論されてきたのかに注目する。

世界史や西アジア史の概説書では、イスラームの預言者ムハンマドの死後、「正統カリフ」[1]と呼ばれる四人が代々ウンマ（イスラーム共同体）をまとめたとされている。カリフとは「（神の使徒ムハンマドの）代理」を意味する。カリフに対し、「ウンマの指導者」を意味するイマームは別系統の宗教的リーダーとされる。イスラームの多数派であるスンナ派がカリフによる統治を正しいとみなすのに対し、少数派のシーア派はそれを否定し、イマームこそが真の指導者だったと主張する。[2] そして、シーア派内の多数派である十二イマーム派は、その名のとおり十二人の歴代イマームをムハンマドの血と遺志を引き継ぐ正統な指導者だと主張する。十二イマーム派を国教とする現在のイラン政府にとってもイマームは重要な存在であり、イラン・イスラーム共和国憲法では、イランにおける宗教法学者たちは第十二代イマームの代理として政治的権威を持つ、とされているほどである〔イラン憲法：一三〕。カリフとイマーム、どちらが正統な指導者なのか。ムハンマド没後まもなく起こったとされるこの議論は、スンナ派とシーア派の根本的な違いとして理解されている。しかし、カリフを支持すればスンナ派、イマームを支持すればシーア派という単純な区別は、両派の歴史的な成立過程や宗派内の多様な立場を考えると必ずしも適切ではない。

筆者は二〇一四年七月から一七年三月までイランのテヘラン大学に留学し、中世イスラームにおけるスンナ派・シーア派関係を研究した。そこで、筆者はイマームに関する「美質の書（ファダーイル／マナーキブ／ハサーイス）」というジャンルの史料に出会い、強い関心を抱いた。美質の書とは、特定の人物やものの持つ優れた特性・特徴に関する伝承を集めた文献である。[3] イマームに関する美質の書では、イマームが神から選ばれた存在であること、ムハンマドの子孫という高貴な血統の持ち主であることや、行状が素晴らしかったことなど、彼らについての「美質」の伝承がまとめられている。この美質の書という、一見すると歴史とあまり関係がなさそうな文献に筆者がなぜ興味を引かれたかというと、シーア派教義を特徴づける存在とされるイマームたちについて、スンナ派の学者たちもまた多数の美質の書を残していたからである。特に十二世紀後半以降には、十二イマームをひとまとまりの存在とみなして崇敬するスンナ派学者たちが多数現れた。そして、さらに研究を進めていくと、どうやらシーア派学者たちの一部はスンナ派学者の執筆した美質の書を読んだうえで、それに応えるような美質の書を書いていたことがわかっていった。シーア派学者たちは、スンナ派学者の間での十二イマーム崇敬の流行を絶えず注視しており、スンナ派の美質の書を引用しつつ自分たちの美質の書をつくりあげていったのである。そのうえ、一部のスンナ派学者は、そうしたシーア派の残した美質の書を実際に参照していた。つまり、イマームという存在をめぐる「語り合い」が、スンナ派とシーア派の間に存在していたのである。筆者は、スンナ派・シーア派双方で書かれたイマームの美質の書を研究することにより、宗派形成や両派の相互関係の歴史を、宗派対立からではなく、そうした宗派間の「語り合い」の中から明らかにできるのではないかと考えるようになった。

そこで本書は、十二イマーム崇敬の宗派を越えた広がりと、スンナ派・シーア派双方の学者による美質の書の執筆活動に注目しながら、両派の形成と交流の歴史を明らかにしていく。扱う時代は、特に多くの美質の書がつくられた十二世紀後半から十四世紀前半が中心となる。特に学者たちに注目するのは、彼らがイスラームという宗教やスンナ派・シーア派という宗派の定義づけを行う存在であり、その宗教的権威によって支配者にも民衆にも影響力を持つ存在であったからである。学者たちの著作や発言を丹念に分析することで、十二イマームと宗派の関係性が宗派内・宗派間でいかに議論され、宗派の境界がどこにあると考えられていたかを明らかにすることができる。ただし、本書が扱う史料に関しては、十分な先行研究が無いものがほとんどである。そのため、新しい研究分野であるこの「中世の美質の書研究」がイスラームの歴史のさらなる理解につながる大きな可能性があることを、本書を通じて示したい。今日、スンナ派とシーア派の関係は宗派対立という側面が強調されて語られることが多い。だが、イマームという信仰の根幹に関わる存在についてでさえも、関心や議論が宗派を越えた形で展開してきたことは、現代の我々にとってイスラームという宗教の構造をより深く知る手がかりになるはずである。

本書の内容を簡潔に示しておこう。第一節では、初期イスラームにおけるカリフやイマームといった指導者に関する議論の展開を簡潔に述べたい。カリフやイマームとは誰なのか、どういった人物がその地位にふさわしいのかという問題によって、イスラーム史上様々な宗派・分派が生じた。美質を語ること、そして「美質の書」を書くことには、それぞれの宗派・分派の正統性を示すという側面があった。

美質が宗派的正統性と密接に結びついていたにも関わらず、スンナ派学者のなかには初代イマームのアリーとその一族を崇敬する者たちがいた。第二節ではまず、スンナ派・シーア派の境界を越えて広がっていたアリー一族への崇敬と、十世紀以降のスンナ派学者によるアリーの美質の書の編纂活動を扱う。さらに十二世紀になると、スンナ派の中から、十二イマームに対しても崇敬を行い、彼らの美質の書を編纂する学者たちさえ現れてきた。彼らの残した美質の書がどのようなものであったかを明らかにするとともに、著者たちのスンナ派的な立場は作品の中にどのように反映されているか、また彼らは十二イマームをどのような存在だと考えていたのかを、一つの伝承の解釈を手掛かりに探る。さらに節の最後では、なぜスンナ派の間で十二イマーム崇敬が流行したのかを、十二世紀から十四世紀西アジア社会の変化を手掛かりに検討する。

第三節では、スンナ派・シーア派双方の学者たちがスンナ派における十二イマーム崇敬の流行にどう反応していたかを述べる。十二イマーム崇敬はすべてのスンナ派学者に支持されていたわけではなかった。十二イマームへの崇敬をシーア派的な考えだとして批判する人々もスンナ派学者の中にはいた。一方、これらスンナ派内の議論を同時代のシーア派学者たちは絶えず注視していた。ただし、イラクのシーア派学者たちとイランのシーア派学者たちでは、スンナ派の間の十二イマーム崇敬に対する反応が大きく異なっていた。スンナ派・シーア派双方の内部でも、イマームをどう位置付け、宗派とどう関連付けるかで多様な議論が併存していたのである。

一　美質と初期イスラームの指導者

1　預言者ムハンマドの死と後継者問題

六三二年、イスラームの預言者であるムハンマドが没した。アラビア半島の大部分に広がりつつあったイスラームの共同体、すなわちウンマは、彼の死によって早くも分裂の危機にみまわれた。ムハンマドには息子がおらず、また彼は生前にウンマを率いる次の指導者を考えていたとされるが、それが誰なのかということについて教友たち[4]の認識は一致していなかった。ムハンマドの死後には後継者を誰とするかで教友の間でも様々な画策があったようである。多くの教友の賛同を得て神の使徒ムハンマドの代理、すなわちカリフの地位についたのは、長老格の教友であったアブー・バクルであった（位六三二―六三四）。このときアブー・バクルのカリフ位を認めたグループは後のスンナ派の起源とされる。一方、ムハンマドの従兄弟であり、ムハンマドの娘ファーティマの夫でもあったアリーこそがウンマの指導者、つまりイマームになるべき人物だと主張する教友たちもいた。彼らはアブー・バクルを、アリーが持つべき権利の簒奪者であると非難した。彼らは「アリー党（シーア・アリー）」と呼ばれ、これが後のシーア派の起源であるとされる。

カリフの地位はその後ウマル（位六三四―六四四）、そしてウスマーン（位六四四―六五六）へと継承された。六五六年にウスマーンが暗殺されると、ついにアリーがカリフに就任した。現在のスンナ派の一般的な理解では、アブー・バクルからアリーまでの四人のカリフを「正統カリフ」と呼び、ムハンマドの時代に次いで理想的な時代であったとみなす。また、アリー支持派にとっても、アリーのカリフ就任はまさに悲願が達成された瞬間であった。しかし実際には、アリーのカリフ就任は、彼がウスマーンを暗殺した者たちに支持されたことにより、ウンマを分裂させ

写真１　シーア派が用いる数珠と礼拝用の土の塊。いずれもフサインが殺害されたカルバラーの土で作られている。

る戦争の始まりとなってしまった。まず、アブー・バクルの娘でムハンマドの妻であったアーイシャが、アリーと対立する教友たちに擁立され、イラクのバスラで反乱を起こした。アリーは反乱軍に勝利したものの、次にシリアに勢力を持つウマイヤ家のムアーウィヤ（後のウマイヤ朝初代カリフ。位六六一—六八〇）と衝突することになる。ウマイヤ家はもともとアリーと対立していたと言われているが、ウマイヤ家の出身であったウスマーンが暗殺されてしまったことで、アリーに対してさらに強い敵対心を示すようになった。イラクに基盤を持つアリーとシリアのムアーウィヤとの戦いは容易に決着がつかず、和議が結ばれることになった。しかし、アリー陣営の中でムアーウィヤとの和議に反対する一団が離脱した。アリーはハワーリジュ派と呼ばれたこの一団を攻撃して壊滅的打撃を与えたが、六六一年にハワーリジュ派の残党によって暗殺されてしまう。アリーのカリフ時代（六五六—六六一）は、戦乱の中で幕を閉じてしまったのである。

その後もアリー支持派には悲劇が続いた。アリーの死後、ムアーウィヤとアリーの息子でムハンマドの孫にあたるハサンの二人がカリフを名乗ったが、ハサンがまもなくムアーウィヤに降伏してしまったため、カリフの地位は完全にウマイヤ家のものとなった。ムアーウィヤは生前に息子ヤズィード（位六八〇—六八三）を後継者に指名し、カリフ位を世襲化させた。ウマイヤ朝（六八〇—七五〇）の成立である。ハサンの弟フサインは対ウマイヤ朝反乱を計画していたが、六八〇年にヤズィードの命を受けたウマイヤ朝軍にカルバラーの地で襲われ、悲惨な最期を遂げてしまう。こうして、アリーこそが理想的な指導者だと考え、アリー死後はその一族を支持した人々の望みは、最悪の形で打ち砕かれてしまった。

　ムアーウィヤによってウマイヤ朝が建国されると、その本拠地シリアでは建国の敵対者であったアリーとその一族に対する敵意が公然と語られるようになった。七世紀後半から九世紀まで、アリー一族は誹謗や呪詛の対象にすらなっていたという［森山　二〇〇四］。また、アリーのカリフ就任を否定し、親ウマイヤ朝的な立場を表明する「ウスマーン党」と呼ばれる人々もあらわれた。アリーが今日の「第四代正統カリフ」としての評価を得るには、相当の時間を要したのである。この状況は、七五〇年にアッバース朝（七四九—一二五八）がウマイヤ朝を打倒した後もしばらく続いた。

　ムハンマドの叔父アッバースを祖とするアッバース家は、「預言者の一族による統治」を主張してカリフを名乗り、その地位を世襲するようになった。ウマイヤ朝打倒の際にアッバース家と歩調を合わせていたアリー一族とその支持者たちにとって、アッバース家による支配権の世襲は受け入れがたいものであった。そして、両者の関係は最終的に決裂するに至った。その一方で、アッバース朝政権はスンナ派学者たちの宗教的権威を認め、スンナ派学者たちもアッバース朝カリフの支配権を認めることで、両者の間に共生関係が築かれていった。アッバース朝時代の初期から中期にかけて、カリフによる庇護のもとで今日のスンナ派教義の基礎が作られていった。新都バグダードには様々な思想的・政治的意見を持つ人々が集まるようになり、彼らの間でアリーのカリフ就任を認めるか否か、アリーの時代の教友間の争いをどう理解すべきかについて解決が図られるようになった。そして、イブン・ハンバル（七八〇—八五五）やアシュアリー（八七三—九三五）といったスンナ派の基礎を作った学者たちによって、アブー・バクル、ウマル、ウスマーン、アリーの四人こそが正統カリフであり、彼らはカリフに即位した順に優れた人物であった、という評価と序列が定着するようになったのである［橋爪　二〇一六］。同時に、スンナ派の多くは「すべての教友は正しい信徒であった」という見解を認めるようになった。これは、「少数の特定の教友を除き、大部分の教友たち

図１　イスラームの諸分派

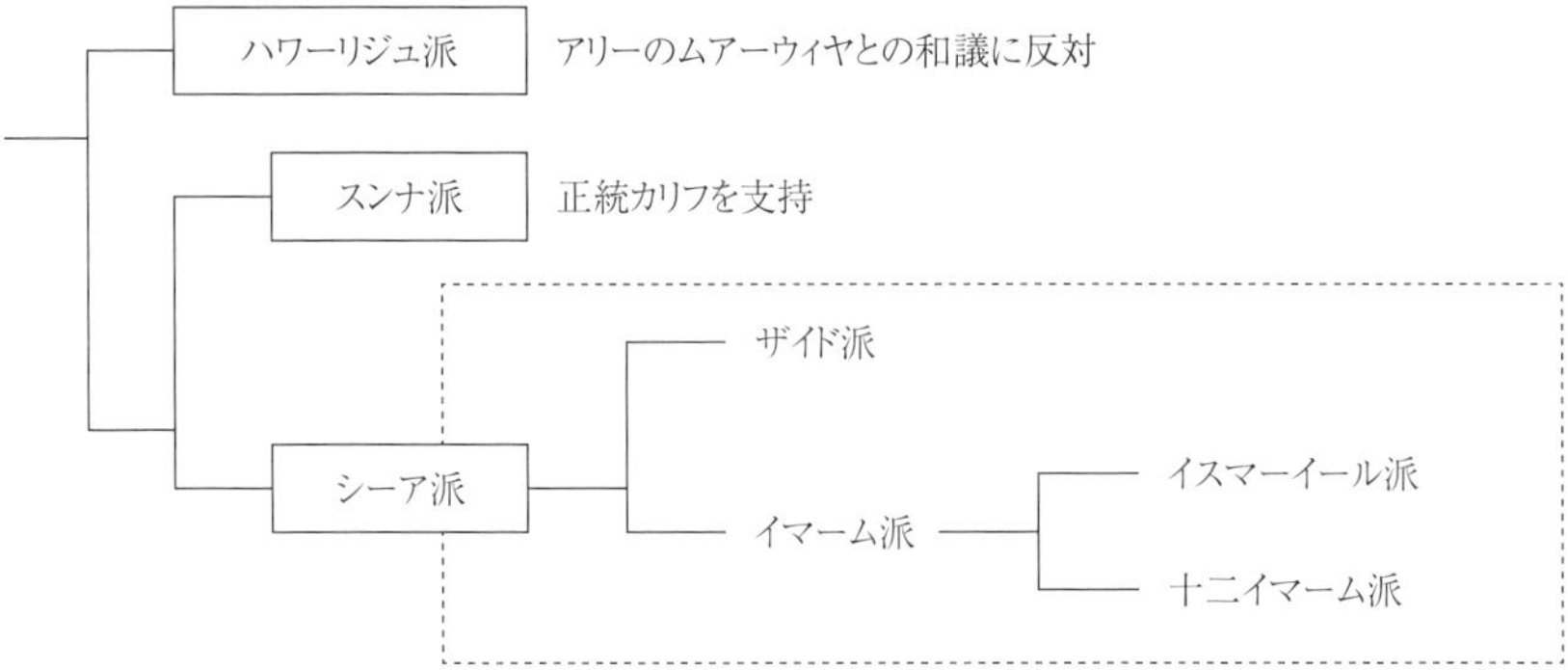

はアリーとその一族の権利の簒奪者である」というシーア派の考えと相反するものであった。

一方、アリーの子孫こそ指導者たるイマームにふさわしいとするシーア派にとって、ウマイヤ朝からアッバース朝初期にかけての時代は為政者による抑圧や反乱の失敗、自派の分裂などが続く苦難の時代であったとされる。アリーの子孫こそウンマの指導者にふさわしいとして繰り返された反乱はことごとく失敗に終わった。その中で、イマームの条件の一つに「イマームを宣言して蜂起すること」を課すザイド派という分派がシーア派内に生じた〔菊地　二〇〇九：七三－九六〕。シーア派内の分裂はその後も続いた。八世紀後半には、ザイド派に属さず、イマーム派と呼ばれていたシーア派分派の中でも、第六代イマームの死後のイマーム位の継承をめぐって分裂が起こり、イスマーイール派が生じた。

イマーム派のうちでイスマーイール派に属さなかった人々が、現在のシーア派の多数派である十二イマーム派を形成したとされる。十二イマーム派は、八七四年に第十一代イマームのハサン・アスカリーが没した際に、その姿を見た者はほとんどいなかった彼の息子ムハンマドが第十二代イマームとなった、と主張した。この第十二代イマームに関する教義は、我々非イスラーム教徒からすると特殊なものである。このムハンマドはイマーム就任とともに「ガイバ（お隠れ）」してその状態で生き続けるが、世界の終わりである終末が迫ると、それに先駆けて救世主（マフディー）として再臨するのだと考えられるようになった[5]。十二代目イマームは今現在も存命中でどこかにお隠れしているのだ、そして現在は十二代目イマームの時代なのだ、というのが十二イマーム派の考え方である。超自然的な寿命を持つことについては、日本人にとって「弘法大師空海は永遠の瞑想である「入定」をはじめ、今もなお生き続けている」という考え方に似ていると感じられるかもしれない。イマームの救世主としての再臨は不正に満ちた世に正義をもたらすとされたため、第十二代イマームのムハンマドは「ムンタザル（［再臨を］待望される者）」という尊称を持つ。九四〇年までは特定代理人と呼ばれる四人が順にムハンマド・ムンタザルと信徒たちの仲介者となったが、九四〇年以降は信徒たちとムハンマド・ムンタザルの交流はほぼ断たれたとされる。このガイバ論をもって十二イマームの枠組みは完成されたと言える。シーア派を信奉するブワイフ朝（九三二—一〇六二）が九四五年にバグダードを支配するようになると、そのもとで十二イマーム派シーア派の諸教義が急速に整えられていった。つまり、スンナ派における正統カリフの枠組みとシーア派における十二イマームの枠組みは、ともに九世紀後半から十世紀にかけて現在理解されているものに近い形に整えられていったのである。

2　美質とウンマの指導者位

ムハンマドの死後、ウンマを率いる指導者についてムスリムたちはどのような条件を求めたのだろうか。ムハンマドが生前に次の指導者を明確に指名していたかどうかについては、ムスリムたちの見解は一致していなかった。そこで、初期イスラーム時代のムスリムたちは、正統カリフやイマームがいかに素晴らしい美質の持ち主であったか、より正確に言えば「ムハンマドがいかに彼らを素晴らしい美質の持ち主とみなしていたか」という点から、ムハンマドの後継者としての正統性を見出そうとした。換言すれば、ムハンマドの語った伝承（ハディース）の中から、自らの支持する教友たちの評価に関するものを数多く見つけ出そうとしたのである。例えば、アブー・バクルを支持する者たちは、アブー・バクルが最も早くイスラームに帰依した男性信徒であるというハディースをいくつもの伝承経路から見つけ出し、それらを列挙した。また、ムハンマドが病床にあったときにアブー・バクルに集団礼拝の導師を務めさせたことも、ムハンマドが彼を自分の死後の指導者に相応しいと考えていた根拠とされた。一方、アリーの支持者たちもまた、アリーこそが最も早く帰依した男性信徒であるという別のハディースを数多く見つけ出し、列挙した。また、預言者が死ぬ間際にガディール・フンムという場所で「私をあるじとする者にとって、アリーもまたあるじである」と発言したことを、シーア派はムハンマドがアリーを後継者と認めていた最も強い根拠だとみなす［Afsaruddin 1999］。ブハーリー（八一〇—八七〇）やムスリム（八一七または八二一—八七五）は後のスンナ派にとって最重要とされる大部なハディース集を編纂したが、それらが教友たちの美質について多くのハディースを収録していることは、彼らの美質が当時のムスリムたちにとって重要な関心事だったことを物語っている。

スンナ派が正統カリフの枠組みと序列をつくり、また教友たちを皆正しい信徒と位置づけると、独立した作品として美質の書が編纂されるようになった。初期の作品で最も影響力があったのは、イブン・ハンバルの『教友たちの美質』であろう。イブン・ハンバルはこの作品の中でアリーを第四代正統カリフとして位置づけ、彼に関する多くの美質をまとめることで、批判も強かったアリーの評価を回復させようとした。その後もスンナ派の間では『カリフたちの美質』『教友たちの美質』『楽園を約束された十人の美質』[6]といった作品が様々な時代に編纂されていった。これらの作品はシーア派よる教友批判に対抗する護教論としての役割とともに、イスラーム初期の重要人物たちの伝記集という役割も担っていた。

スンナ派からやや遅れて、シーア派の間でも美質の書が書かれ始める。著者がはっきりしていて、現在に伝わるものとしては、十二イマーム派よりもシーア派内の他の分派であるザイド派やイスマーイール派のものが少し早く登場する。ザイド派では九〇〇年頃に活動していたムハンマド・ブン・スライマーンがアリーについての美質の書を書いた（「ブン・某」とは「某の息子」の意）。イスマーイール派では、エジプトのファーティマ朝に仕えた学者カーディー・ヌウマーン（九七四年没）が『諸伝承の解説』という作品を残している。『諸伝承の解説』は、イスマーイール派王朝であるファーティマ朝が正統とみなすイマームの系譜が強調される構成になっている。つまり、アリーから第六代イマームであるジャアファル・サーディクまでの各イマームの美質、シーア派諸派の略史、ファーティマ朝初代君主でありマフディーを称したアブドゥッラー（位九〇九―九三四）の美質、シーア派信徒たちの美質、といった流れになっている［Jaʻfariyān 2014/5: 371-373］。

写真２「十四人の無謬者たち」の名前で縁取りされた飾り布。フサインの追悼儀礼で使用される．

一方、十二イマーム派は第十二代イマームのお隠れの後、イマームたちのハディースを収集し、その信頼度を確定させ始めた。[7] こうして集められたハディースはシーア派法学の基礎となっただけでなく、美質の書の執筆にも大いに役立てられた。十二イマーム派の美質の書は、十二イマーム全体、またはそこにムハンマドとファーティマを加えた「十四人の無謬者たち」を扱うものとして、十世紀半ばごろから登場し始める。[8] 十二イマーム派の間で知られる最初期の二作品については、実はその著者がよくわかっていない。歴史家タバリー（八三八―九二三）と、同じく歴史家として知られるマスウーディー（八九六頃―九五六頃）がそれらの著者とされるが、疑問点も多い［Pierce 2016: 21-28］。なお、タバリーは一般的にシーア派とはされていないが、シーア派の間ではこのイマームの美質の書を書いたことでシーア派的傾向を持つ人物だと考えられている。

十二イマーム派の作品で著者がはっきり確定できるようになるのは、

九四六年にバグダードを征服してアッバース朝から実権を奪ったブワイフ朝の時代に入ってからである。シーア派王朝であるブワイフ朝のもと、イマームの墓廟のある諸都市（ナジャフ、カルバラー、バグダード、サーマッラー）を中心にシーア派諸学問が急速に発展していった。美質の書は、シャイフ・ムフィード（九四八―一〇二二）やシャリーフ・ラディー（九七〇―一〇一六）といった代表的な十二イマーム派学者たちの手よって、この時代に学問の一ジャンルとして確立されたのである。十二イマームに関する美質の書は、十二イマーム派以外のシーア派諸派ではほとんど書かれない。十二イマームの美質を認めているシーア派学者であれば、十二イマーム派に属するとみてほぼ間違いない。用語の煩雑化を避けるため、本書のこれ以降の議論ではシーア派という語を、十二イマーム派を指すものとして使用することにする。

一般的にシーア派のイマームの美質の書では、ムハンマドの言葉によってアリーのイマーム位や十二イマームを正統化するとともに、アリーを除く三人の正統カリフとそれを支持した教友たち、アリーと対立した教友たち、ウマイヤ朝やアッバース朝のカリフたちによってアリー一族が迫害と弾圧を受けたことが強調される。そして、ムハンマドの意志に反してアリー一族からウンマの支配権を簒奪したとして、三人の正統カリフやウマイヤ朝、アッバース朝に対する非難が展開される。こうしたシーア派的歴史観は、アブー・バクルら正統カリフを最も素晴らしい美質を持つ人物とみなし、すべての教友たちを正しい信徒と位置づけるスンナ派の歴史観と真っ向から対立するものであった。そのため、両派ともに多くの住民が暮らしていたバグダードでは、シーア派による教友への非難を理由にスンナ派住民が彼らと衝突する事件が、ブワイフ朝時代からその後長きにわたって繰り返し発生した。

十二世紀のイランの都市レイについて、美質とイスラーム社会との繋がりを示す興味深い逸話がある。同市で活動していたシーア派学者アブドゥルジャリール・ラーズィーはスンナ派学者との論争書『反駁の書』を著したが、そこに記される論争からは、レイの街中のいたるところでスンナ派、シーア派それぞれの「美質読み」と呼ばれる人々がいたことがわかる。スンナ派の「美質読み」はアブー・バクルやウマルの美質を高らかに謡い、シーア派を非難していた。一方、シーア派の「美質読み」はアリーを賛美し、スンナ派を非難していたという。カリフやイマームの美質を語ることは、イスラーム初期の歴史から、他宗派に対して自らの政治的・宗教的正統性を主張することであり、それ故に宗派間に緊張感を生じさせる一面があったのである［Mahjoub 1988］。

コラム　十二イマームとは

アリーに始まる十二イマームはどのような人々だったのだろうか。シーア派の間では、すべてのイマームは罪や間違いを犯すことがない「無謬性」を持つとされる。無謬なるイマームたちの言動は常に正しいとされるので、シーア派にとってはイスラーム法の根拠となる。そして、彼らは聖典クルアーンの持つ表面的な意味だけでなく、一般信徒では知りえないような内奥の神秘的な意味をも完全に把握できるとされる。また、シーア派はイマームが迫害から逃れるために信仰隠しをすることを認めている。従って、シーア派にとって不利になるイマームの言動があったとしても、信仰隠しを実践していたに過ぎずイマームの真意とは別であったと理解される。シーア派によれば、ムハンマドの死後に十二イマームがそのあとを継ぐことは、神によって予定されていたことであった。その根拠として、ムハンマドが奇跡によって天界を旅した際に、イマームたちの名前が天界の門に記されていたのを見た、というハディースがある。また、ムハンマドはフサインに対して「この我が孫はイマームであり、その父と兄弟もイマームであり、また九人のイマームの父祖である。そしてその九人目は救世主となるであろう」と言ったというハディースも存在する。シーア派にとってイマームの存在は、神

表1　十二イマームとその墓廟

	名前	尊称	生没年	墓廟の所在地
第1代	アリー	ムルタダー（嘉されし者）	？-661	ナジャフなど
第2代	ハサン	ムジュタバー（選ばれし者）、 ザキー（清らかな者）	625頃 -670頃	メディナ
第3代	フサイン	サイイドゥッシュハダー（殉教者たちの主）	626-680	カルバラー
第4代	アリー	ザイヌルアービディーン（勤行者たちの飾り）、サッジャード（跪拝者）	658-713	メディナ
第5代	ムハンマド	バーキル（［学識を］広げる者）	677-732 から736頃	メディナ
第6代	ジャアファル	サーディク（真実を語る者）	699 or 702 -765	メディナ
第7代	ムーサー	カーズィム（［怒りを］抑える者）	745-799	バグダード
第8代	アリー	リダー（［神の］満足を受ける者）	765-818	マシュハド
第9代	ムハンマド	タキー（［神を］恐れる者）、 ジャワード（寛大なる者）	811-835	バグダード
第10代	アリー	ナキー（純粋なる者）、 ハーディー（導き手）	827/8-868	サーマッラー
第11代	ハサン	アスカリー（サーマッラー人）	846/7-874	サーマッラー
第12代	ムハンマド	ムンタザル（［再臨を］待望される者）	？	

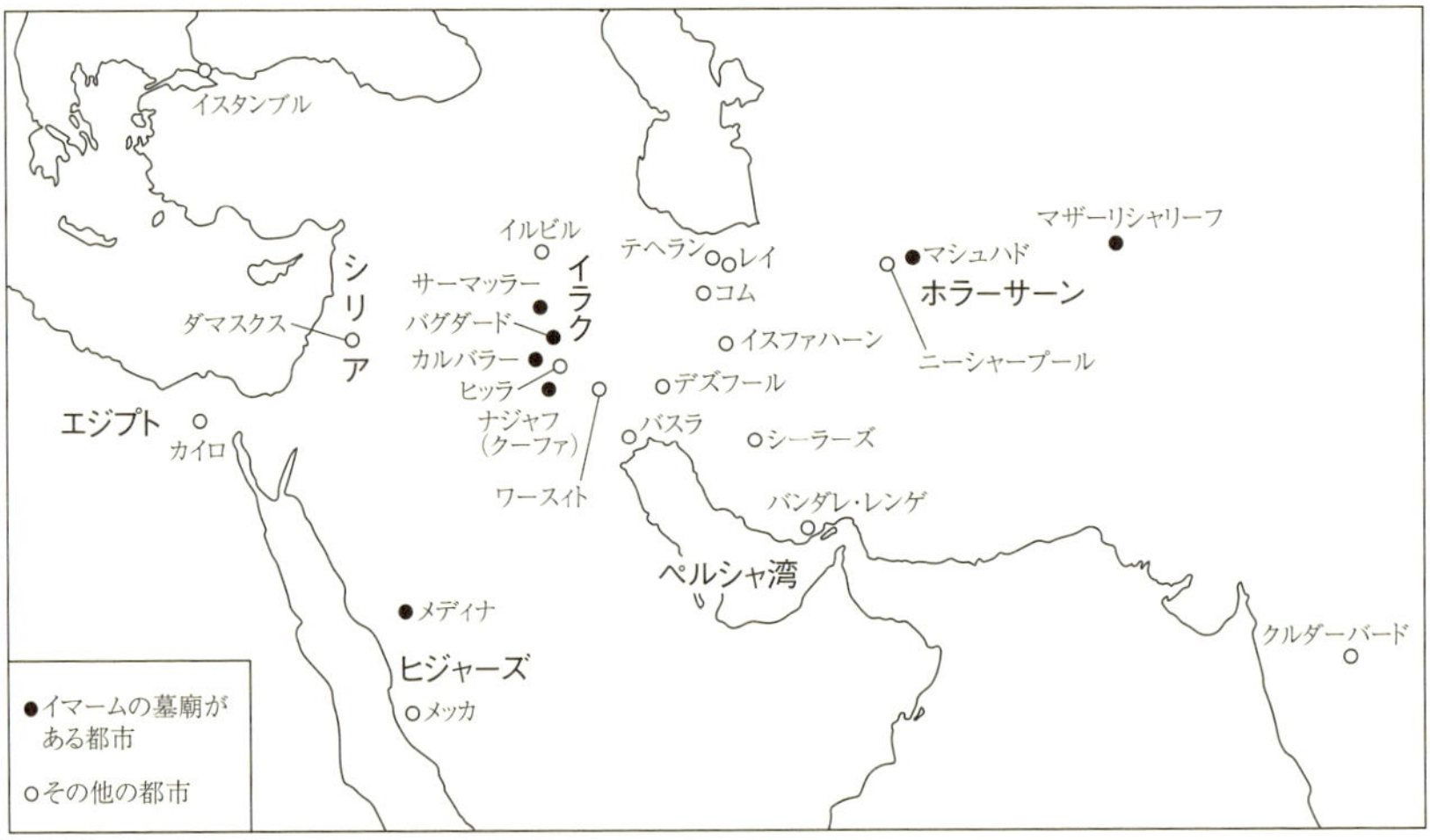

が定めた必然であり、また神が各時代の信徒たちの規範として人類に与えた恩恵であったとされているのである。

十二イマームそれぞれの生涯についてごく簡潔に確認しておこう。なお、各イマームの尊称や、参詣地となっている墓廟の所在地については表1を参照されたい(9)。初代イマームのアリーはムハンマドにとって従兄弟にあたるが、ムハンマドから兄弟と呼ばれるほど、両者の間には親しい関係があったとされる。アリーはムハンマドの娘ファーティマ（尊称は「バトゥール（清純なる者）」）を妻に迎え、二人の間にムハンマドの血を引くハサン（第二代イマーム）、フサイン（第三代イマーム）が生まれた。ムハンマドとの近い関係の他にも、アリーは信仰、軍事的才能、雄弁さなど様々な面で高く評価され、関連する様々な伝承・逸話が残っている。

写真3　エジプトのカイロにあるフサイン・モスク。フサインの首塚の伝承が残る。

第二代イマームのハサンは、古代からイスラームの歴史までを広く扱う普遍史と呼ばれる歴史書において、第五代正統カリフとされることが多い［大塚　二〇一七：三五七］。第三代イマームのフサイン（位六七〇頃—八〇）はハサンの弟であり、十二イマーム中で唯一兄弟からイマーム位を継承した。フサイン以降のイマームはすべてフサインの子孫であり、父から子への継承となる。彼の尊称である「サイイドゥッシュハダー（殉教者たちの主）」はカルバラーの悲劇に由来している。イラクの都市クーファの民の求めに応じたフサインは、対ウマイヤ朝蜂起のリーダーとなるべくメディナからやってきたところを、道中のカルバラーの地でウマイヤ朝軍の襲撃を受け、家族や従者たちとともに殺害された。しかし、彼を招いたクーファの民は救援に向かうどころか、二の足を踏んで見殺しにしてしまった。フサイン殺害はシーア派にとってイスラーム史上最大の悲劇であり、毎年彼の命日であるアーシューラーと呼ばれる日にむけて十日にもおよぶ哀悼行事が行われる。討たれたフサインの首はウマイヤ朝の都ダマスクスに運ばれたが、その後首がどうなったのかについては様々な伝承がある。そのため、ダマスクスやカイロ、ナジャフ、メディナなどいくつかの都市に首塚がある。カルバラーにあるフサインの墓で胴体とあわされて埋葬されたという説もある。

フサイン以降のイマームたちは、後述するアリー・リダーを除けば、政治的に目立つ存在ではなかった。シーア派の間では、時のカリフの圧制に苦しみ、大半あるいはすべてのイマームはカリフの指示により毒殺されたと考えられている。一方で、イマームたちは学問においては後世に大きな影響を残した。ハナフィー派学者アフタブ・ハーラズム（「ホラズム随一の説教師」の意。一〇九一／二―一一七二）が著した『アブー・ハニーファの美質』によれば、第五代イマームであるムハンマド・バーキルはスンナ派四法学派（ハナフィー派、シャーフィイー派、マーリク派、ハンバル派）の一つ、ハナフィー派の名祖アブー・ハニーファ（六九九？―七六七）の師の一人であった［*Manāqib Abī Ḥanīfa*: vol. 1, 39］。第六代イマームのジャアファル・サーディクは十二イマーム派法学の基礎をつくったイマームとされ、そのためシーア派法学をジャアファル学派と呼ぶ場合もある。彼の持っていたとされる宗教的知識や占いなどのオカルト学的知識は、その後のスンナ派学者たちの間でも高く評価された。

第八代イマームのアリー・リダーは、例外的に政治の表舞台に立たされたイマームだったと言えるだろう。彼はアッバース朝カリフ・マアムーン（位八一三―八三三）に支持され、イラン北東のホラーサーン地方に招かれた。マアムーンは自身のカリフ位の後継者にリダーを指名したが、その後まもなくアリー・リダーは同地方で病没した。シーア派によれば、後継者指名後に心変わりしたマアムーンによって毒殺されたとされる。アリー・リダーは十二イマームの中で唯一、墓がイラン国内にあるイマームである。マシュハド（殉教地）と呼ばれるその地は墓廟都市として発展し、現在ではイラン第二の大都市であるだけでなく、日々多くの信徒たちがリダー廟に参詣に訪れる宗教上も重要な都市となっている。また、イランのフーゼスターン州の都市デズフールや、マシュハドの西方の都市ニーシャープールの近郊には、リダーがホラーサーンに向かう道中で残したとされる「足跡」が今でも参詣地となっている。

第十二代イマームのムハンマド・ムンタザルについては前述のとおりである。その姿を見た者はほとんどおらず、サーマッラーのどこかの地下室へ「お隠れ（ガイバ）」したとされる。また、イランの都市コム近郊のジャムキャラーンには、ムハンマド・ムンタザルが現れたという言い伝えのある井戸があり、現在その地に建てられたモスクが聖地として参詣地となっている。

第二、四、五、六代イマームを除く他のイマームたちの墓はすべてイラクにある。そのため、墓のある都市バグダード、クーファ、カルバラー、サーマッラーは重要な参詣地として発展した[10]。

写真4　コム（イラン）のジャムキャラーン・モスク。第十二代イマームの生誕祭のため多くの人でにぎわう。

二　スンナ派の間のアリー崇敬と十二イマーム崇敬

1　アリー一族への崇敬

①スンナ派法学の名祖とアリー一族崇敬

アリーの子孫とシーア派勢力が結びつき、ウマイヤ朝やアッバース朝に対して繰り返し反乱を起こしたことにはすでに触れた。しかし、すべてのアリーの子孫がシーア派であったわけではなく、スンナ派を自認し、また周囲からもスンナ派とみなされたアリーの子孫も数多くいた。また、アリーの子孫をムハンマドの血を引く高貴な家系として崇敬することもまた、シーア派に限った行為ではなかった。アリーの子孫はサイイドまたはシャリーフと呼ばれて尊敬され、各地の政治や社会においてスンナ派・シーア派の境界を越えて一定の影響力をもっていた［森本二〇一〇、Bernheimer 2013］。

より後代の史料は、アリー一族への崇敬をスンナ派四法学派のうち、シャーフィイー派の名祖シャーフィイー（七六七―八二〇）やハンバル派の名祖イブン・ハンバルとも結びつけている。シャーフィイーはムハンマドと同じクライシュ族の出自、それもムハンマドに近い氏族の出自であり、そのことに強いアイデンティティーを持っていた。そのため、ムハンマドの子孫（すなわちアリーの子孫）にも強い愛着を抱いていたとされる。後代のスンナ派学者たちはしばしば預言者一族への愛について彼がつくったとされる詩を引用している。十世紀から十一世紀のイスファハーンの歴史家・人名録作者アブー・ヌアイム（九四八―一〇三八）や、シャーフィイーの美質の書をまとめたアブー・バクル・バイハキー（九九四―一〇六六）は、シャーフィイーに帰される次の詩を伝えている。

もしムハンマドの子孫への愛が異端思想ならば
人間とジン（精霊）に、私は異端者だと証言させよう
[*Hilya*: vol. 9, 162; *Manāqib al-Shāfi'ī*: vol. 2, 71]

ムハンマドの子孫に対するシャーフィイーの熱烈な崇敬心を語るこの詩は、多少の異同がありながらも、様々な史料でシャーフィイーのアリー一族への崇敬を伝えるものとして繰り返し言及されている。

イブン・ハンバルについては、例えば十二世紀のバグダードの指導的なハンバル派学者イブン・ジャウズィー（一一一六—一二〇〇）の『イブン・ハンバルの美質』に興味深い逸話が記されている。三人の正統カリフとアリーの優劣について息子から質問されたイブン・ハンバルは、「アリーは預言者（ムハンマド）の御家の人々の一人である。彼と比較できる者などいない」、「アリー・ブン・アビー・ターリブ（アリー）ほど多くその美質について証言された者はいない」と語ったという [*The Life of Ibn Hanbal*: 80]。これらは、一見するとイブン・ハンバルがアリーに対して他の正統カリフとは異なる特別な美質を見出していたようにも読める。こうした発言の真意は不明だが、アリーの美質は他の三人の正統カリフにも劣らないものだという考え方が、イブン・ハンバルに帰される形でハンバル派の中に残り続けたことは注目に値する事実と言えるだろう。

②スンナ派のアリーの美質の書

アッバース朝下の社会でアリーの評価が定まると、アリー支持者が多かったとされるイラクやイランでは、スンナ派学者たちの間でもアリーの美質の書が繰り返し編纂されていった。そうした作品は、アッバース朝の都バグダードと、イラン中西部の都市イスファハーンにおいて特に多く残された。代表的な人物の一人、イブン・マルダワイ

写真5　イスタンブル（トルコ）のアヤソフィア・モスクの内部。壁の巨大な円盤の中央二つにはハサン（左）とフサイン（右）の名が記されている。トルコのモスク内部には8枚の円盤で神（アッラー）、ムハンマド、四人の正統カリフとともに、ハサンとフサインの名が記されていることが多い。スンナ派が多数派の現代トルコにおいても、ハサンとフサインが正統カリフとともに称えられていることがわかる。

ヒ（九三五—一〇二〇）は、イスファハーン出身のスンナ派学者で、主にイスファハーンとイラクで活動していた。彼は『アリー・ブン・アビー・ターリブの美質とクルアーンのうちでアリーに関して下された章句』という美質の書を著している。(11) 後代に書かれた人名録史料によれば、彼はハディースやクルアーン解釈学、歴史の分野で高く評価された人物であったというから、この美質の書は彼の様々な関心が融合した作品と言えるだろう。イブン・マガーズィリー（一〇九〇年没）はイラク南部の都市ワースィト出身のシャーフィイー派学者で、『信徒たちの長の美質』というアリーに関する美質の書を著した。彼もまたハディースや歴史の分野で活動したようだが、後代の人名録では「間違いが多い」「記憶力や知識に乏しい」などと書かれ、イブン・マルダワイヒほど高い評価を得ていない［*Wāfī*: vol. 22, 85］。他にも、イスファハーンで活動して美質の書『他の被造物よりも優れたアリーの美質』を著したムハンマド・ナタンズィー（一一〇三年没）という学者もいた。スンナ派著者によるアリーの美質の書で後代に最も頻繁に言及されるのは、アフタブ・ハーラズムの『美質の書』である。彼はスンナ派のうちのハナフィー派に属し、メッカに出自を持つが中央アジアのホラズムで活動していた。アフタブ・ハーラズムには他に『フサイン殉教譚』という著作もあり、アリーとその一族に対する彼の関心の高さがうかがえる。

ここで紹介したアリーの美質の書のうちのいくつかには、アリー自身の美質だけでなく、アリーの妻ファーティマ、二人の息子ハサンとフサインについての美質への言及も含まれている。これは、ムハンマドがこれら4人のことを「私の家の人々」だとしたハディースにもとづいている。一方で、シーア派が正統とする残りのイマームたち、つまり四代目以降のイマームたちは、美質の書の中で主たる記述対象とされていなかった。

③スンナ派人名録とアリーの子孫

アリーの美質の書がスンナ派学者たちの間で一つの文献ジャンルとして成立するのと並行して、人名録史料の中では、アリーの子孫のうちでハサンやフサインより後の世代の人物たちにも高い評価が与えられるようになる。人名録は記載対象の人物の美質に関しても言及する傾向があり、各伝記の情報量は限られるものの、内容は美質の書と類似する部分がある。前述のイスファハーン出身の学者アブー・ヌアイムは、高名な教友や学者、スーフィーなどをまとめた人名録『ワリーたちの装飾』において、アリーだけでなくその子孫アリー・ザイヌルアービディーン、その子ムハンマド・バーキル、さらにその子ジャアファル・サーディクに関する伝承を記載している。この三人はそれぞれ、十二イマーム派でいうところの第四、五、六代イマームにあたる。アブー・ヌアイムはそれらのイマームの言葉として、シーア派の主張を批判する伝承を引用している。例えば、三人の正統カリフを非難するイラクの民に対し、ザイヌルアービディーンは「彼らは自分たちの住居と財産から追い出された移住者たち（ムハージルーン）である。彼らはアッラーからの御恵みと御満悦を求め、アッラーと彼の使徒を援けている。それらの者、彼らこそ誠実な者である」というクルアーンの章句（第五九章第八節）を引用して、正統カリフたちを擁護したとされている［*Hilya*: vol. 3, 161］。また、バーキルが「私はアブー・バクルとウマルを非難する者から距離を置く」、「アブー・バクルとウマルの美質を知らぬ者はスンナ（ムハンマドの慣行）に無知な者である」と語った伝承も引用されている［*Hilya*: vol. 3, 216］。アブー・ヌアイムが十二イマームに含まれる人々について言及しているとはいえ、それらはあくまでスンナ派の文脈に沿う形であったことが、こうした引用から明らかである。

人名録の一部分でイマームに触れることは、その後もハティーブ・バグダーディー（一〇〇二―七一）の『バグダード史』やイブン・アサーキル（一一〇五―七六）の『ダマスクス史』、イブン・ジャウズィーの『精髄の性質』などで繰り返し行われた。これら人名録の記述は、アリーの子孫のうち特定の人物が高く評価されていたことを示すものである。一方で、十二世紀までのほとんどのスンナ派学者たちは、アリーの子孫のイマームたちをシーア派のように十二人で一つのまとまりとして理解していたわけではなかった。あくまで人名録で扱う膨大な人物のほんの一部として、他の人物たちと並んでその伝承が収録されていたにすぎない。

2　十二イマーム崇敬流行の時代

アリーとその一族に対して賛美を行うことや、彼らの美質の書を編纂することで崇敬を表明することは、十二世紀ごろまでにはスンナ派、シーア派を問わずイスラーム社会においてありふれたことになっていた。一方、十二イマームを一つのまとまりとして崇敬する、ということを表立って行っていたのは、まだシーア派だけであった。しかしながら、十二世紀半ばになると徐々に、シーア派が正統とする十二人のイマームを崇敬するスンナ派学者が登場し、十三、十四世紀になるとその数がさらに多くなった。そうした学者たちは地域的にも限定されることなく、イラン、イラク、シリア、アラビア半島など各地に現れた。十二イマーム崇敬を表明するスンナ派学者たちの存在に最も早く着目した歴史学者は、イランの碩学ダーネシュパジューフであった。ダーネシュパジューフは彼らを「十二イマーム・シーア派」になぞらえて、「十二イマーム・スンナ派」と呼び、十二世紀半ばから十六世紀半ばまでの十人の学者を例に挙げた［Dānishpazhūh 1966: 307-308］。この名称の妥当性はともかく、十二イマーム崇敬がシーア派だけでなくスンナ派学者の作品の中にも見出せることを主張した意義は大きい[13]。

その後の研究の進展により、十二イマームを崇敬し、彼らについての美質の書を編纂していたスンナ派学者はダーネシュパジューフの挙げた十人をはるかに上回っていることがわかっている。最も早い時期に十二イマーム崇敬を表明したとされるスンナ派の人物は、バグダードや現在のトルコ東部で活動したシャーフィイー派学者ハスカフィー（一一五六／七または一一五八／九年没）であった。十二イマームの名を明示しつつ彼らを賛美するハスカフィーの詩が、後代の美質の書に引用されている。バグダードで活動したハンバル派学者イブン・ハッシャーブ（一〇九八／九―一一七二）もまた、十二人のイマームの生没の正確な日付を記した論考『十二イマームの生没年』を著している。同じくハンバル派学者であるイブラーヒーム・ディーナワリー（一二一三／四または一二一四／五年没）とアブドゥルアズィーズ・ジュナーバズィー（一二一五年没）は、それぞれイマームに関する美質の書を著したとされるが、いずれも現存していない。ジュナーバズィーの作品『預言者の子孫の道標とファーティマ裔の御家の人々の知識』は、興味深いことに十二代目を除く十一人のイマームを扱う美質の書であったようである［Dādāshnizhād 2010: 133-135］。つまり、ジュナーバズィーは、お隠れ状態のまま生き続けて終末が迫ると救世主として再臨するとシーア派の間で考えられる第十二代イマームのムハンマド・ムンタザルについては、その存在や権威を疑問視していたと言えよう。

十三世紀半ばには北イラクやシリアでも十二イマーム崇敬に関する作品が書かれた。ユースフ・スラミー（一二八七年没）、イブン・タルハ（一二五四年没）、ムハンマド・ガンジー（一二五九年没）といったシャーフィイー派の学者たちは、彼らの終末思想的な関心が十二イマームへの崇敬と結びつき、美質の書や関連する作品を残したと考えられている［Masad 2008］。また、バグダードからシリアに移住したスンナ派の歴史家スィブト・イブン・ジャウズィー（一一八五または八六―一二五六）もまた、『貴顕たちの伝記』という十二イマームの美質の書を残している。

十三世紀後半から十四世紀前半にかけて活動した美質の書作者としては、イラン出身のシャーフィイー派学者・スーフィーであったサドルッディーン・ハンムーイー（一二四六―一三二二）がいる。彼はモンゴル系王朝であるイルハン朝（一二五八―一三五三）の君主ガザン・ハン（位一二九五―一三〇四）の改宗に立ち会ったとされる。サドルッディーン・ハンムーイーはイランだけでなくイラクやアラビア半島のヒジャーズ地方、シリアを旅してイマームの伝承を集め、美質の書『一二本紐の首飾りの真珠』を編纂した。『一二本紐の首飾りの真珠』に収録されている伝承は、アリー、ハサン、フサインに関するものを除けば、第八代イマームのアリー・リダーと第十二代のムハンマド・ムンタザルのものが多い。また、バナーカティー（一三三〇／一年没）やハムドゥッラー・ムスタウフィー（一二八一―一三四四頃）、アバルクーヒー（一四〇五／六年以降没）といったペルシア語による普遍史を著した歴史家たちの作品においては、正統カリフの伝記の後に十二イマームの伝記がまとめられている［大塚 二〇一七：一九六、二〇〇、二〇七、二九一］。

ヒジャーズ地方では、メディナ出身のハナフィー派学者ジャマールッディーン・ザランディー（一二九三／四―一三四六頃）が美質の書『使徒と清純なる者の一族の素晴らしさの知識へと至る階梯』を残した。彼にはまた、サドルッディーン・ハンムーイーの『一二本紐の首飾りの真珠』に着想を得て、アリー、ファーティマ、ハサン、フサインについての美質をまとめた『一二本紐の首飾りの真珠の整序』という作品もある。この作品は、ザランディーがヒジャーズ地方からイランの都市シーラーズに移住した後に、同地にあったインジュー朝（一三二五―五三）の君主に献呈したものであった。

このように十二世紀末から十四世紀にかけて、十二イマーム崇敬を表明するスンナ派学者たちが西アジア各地に出現した。この思想潮流は十六世紀まで西アジアや中央アジア各地で盛んであった。十六世紀半ば以降になると、イマームに関する美質の書の執筆はスンナ派の間で低調になり、その後の時代にスンナ派学者が残した十二イマームの美質の書はわずかしか知られていない[14]。

十二世紀後半以降に十二イマームがひとまとまりで崇敬されるようになっていったとはいえ、アリーのみ、またはアリーとハサン、フサインの三名のみの美質を扱う作品が無くなったわけではない。十二世紀まで同様、十二イマームではなくアリーに焦点を当てた美質の書や関連する作品も各地で書かれ続けた。アリーの説教集『雄弁の道』

の注釈者として知られるシャーフィイー派学者イブン・アビー・ハディード（一一九〇―一二五七または五八）は、アリーを賛美する頌詩を残している。その他にも、ハンバル派学者アブドゥッラッザーク・ラスアニー（一二六二／三年没）や、シャーフィイー学者シャラフッディーン・マウスィリー（十三世紀前半？）やシャムスッディーン・ムハンマド・ジャザリー（一三五〇―一四二九）もまた、アリーや彼の一族の美質の書を著している。『教友たちの美質』の枠組みも依然として残り、預言者ムハンマドの近親者たちに関する美質の書を残したメッカのシャーフィイー派学者ムヒップッディーン・アフマド・タバリー（一二一八―一二九五）は、アリーを含む「楽園を約束された十人」の美質の書も残している。しかし、これらの作品の中では十二イマームについては言及されない。このように、十二イマーム崇敬が高揚したと言っても、すべてのスンナ派学者たちがそれに同調したわけではなかったのである。

3　美質の書の内容

それでは、美質の書の具体的な内容はどのようなものだろうか。実は、一口に十二イマームの美質の書といってもその構造やスタイルは実に様々である。全体に共通しているのは、ハディースをはじめとする伝承が主であるという点である。ハディース集全般に共通することだが、伝承はそれ自体が持つ情報と同じかそれ以上に、「誰が」「どのように」「いかに途切れなく」その伝承を伝えてきたかという「伝承の鎖」も大きな重要性を持つ。美質の書によっては伝承自体の文章よりも伝承の鎖の記述の方が長いものさえ存在する。そうかと思うと、伝承の鎖を長々と書くことを嫌って、伝承の鎖の起点になる教友の名前以外一切省いてしまっているものもある。伝承の持つ意義を解説する場合もあれば、淡々と伝承のみを書き連ねて伝承自体に語らせようとするものもあるし、十二イマームについてバランスよく書こうとしているものもあれば、特定のイマームの情報量が他よりも多い場合もある。共通してみられる傾向としては、アリー、ハサン、フサインの三人は伝承が比較的多い、ということがある。これは初代イマー

表2　10-14世紀スンナ派著者による、アリーまたはイマームに関する主な美質の書とその関連作品

名前	生没年	美質の書	主な記述対象
イブン・マルダワイヒ	935-1020	『アリー・ブン・アビー・ターリブの美質とクルアーンのうちでアリーに関して下された章句』	アリー
イブン・マガーズィリー	1090没	『信徒たちの長の美質』	アリー
ムハンマド・ナタンズィー	1103没	『他の被造物よりも優れたアリーの美質』	アリー
アフタブ・ハーラズム	1091/2-1172	『美質の書』	アリー
		『フサイン殉教譚』	フサイン
イブン・ハッシャーブ	1098/9-1172	『十二イマームの生没年』	十二イマーム
イブラーヒム・ディーナワリー	1213/4または14/15没	『使徒の一族の美質に関する希求の極大と願望の極限』(現存せず)	十二イマーム
アブドゥルアズィーズ・ジュナーバズィー	1215没	『預言者の子孫の道標とファーティマ裔の御家の人々の知識』(現存せず)	十一イマーム
マフムード・サーリハーニー	1215没	『アリーのために下された啓示』	アリー
シャラフッディーン・マウスィリー	13世紀前半？	『大いなる消息たる一族のための永続の恩寵』	アリー
イブン・タルハ	1254没	『使徒一族の諸美質に関する願望の追求』	十二イマーム
ユースフ・スラミー	1287没	『待望されし御方の諸伝承についての真珠の首飾り』	ムハンマド・ムンタザル
イブン・アビー・ハディード	1190-1257/8	『アリーの頌詩』	アリー
スィブト・イブン・ジャウズィー	1185 or 86 -1260	『貴顕たちの伝記』	十二イマーム
ムハンマド・ガンジー	1259没	『アリー・ブン・アビー・ターリブの美質に関する求道の極限』	十二イマーム
アブドゥッラッザーク・ラスアニー	1193-1262/3	『アリーの美質』(現存せず)	アリー
		『フサイン殉教譚』(現存せず)	フサイン
サドルッディーン・ハンムーイー	1246-1322	『二本紐の首飾りの真珠』	十二イマーム
ジャマールッディーン・ザランディー	1293/4 -1346頃	『使徒と清純なる者の一族の素晴らしさの知識へと至る階梯』	十二イマーム
		『二本紐の首飾りの真珠の整序』	アリー、ハサン、フサイン
シャムスッディーン・ムハンマド・ジャザリー	1350-1429	『勝利の獅子アリー・ブン・アビー・ターリブの美質』	アリー

ムとしての重要性はもちろん、ハサンのウマイヤ朝への降伏、カルバラーでのフサインの戦死など、劇的な出来事が注目されやすかったということも関係しているだろう。

例えば、イラン出身の学者サドルッディーン・ハンムーイーの『二本紐の首飾りの真珠』は伝承の鎖を完全な形で、つまり教友からサドルッディーン・ハンムーイーに至るまでの全伝承者を記載する形で書いている。伝承についての解説は一切見られず、淡々と伝承の鎖と伝承の本文の繰り返しが続く。作品の前半はアリーについての、後半はファーティマや他のイマームたちについての伝承が並ぶが、後半部分はハサンとフサイン以外では第八代のアリー・リダーと第十二代のムハンマド・ムンタザルについての伝承の数が多い。

一方、スィブト・イブン・ジャウズィーの『貴顕たちの伝記』では、伝承の鎖はかなり省略されて書かれるか、彼が参照した書物が示される程度で済まされる。伝承はしばしば、著者自身の言葉や別の書からの引用によって解説が加えられている。前半がまるごとアリーに充てられていて、後半部分でハサンとフサインの比重が大きいのはサドルッディーン・ハンムーイーの作品と同じだが、それ以外のイマームに関する伝承の数のバランスは良い。このように、一口に美質の書といっても、様々な書き方が存在するのである。

次に、『貴顕たちの伝記』を例にして内容を簡単に紹介しよう。この作品は全十二章構成で、これは十二イマームを意識していると思われる。前述のとおり、作品の約半分にあたる第一章から第七章まではアリーについての記述で占められている。第一章ではまず、アリーの両親や兄弟が誰かということがまとめられる。第二章では、ムハンマドがアリーを称賛したハディースが列挙される。その中には、ムハンマドが「私をあるじとする者にとって、アリーもまたあるじである」と語ったという、シーア派の間では特に重要とされる「ガディール・フンムのハディース」や（その解説については第三節を参照）、ムハンマドが神に願ってアリーのために太陽の動きを遡らせた「太陽の逆行（ラッド・シャムス）」と呼ばれる奇跡についてのハディースなどが含まれる。第三章はアリーの子どもたちについて、

第四章はアリーのカリフ時代の出来事について、第五章はアリーの禁欲と敬虔さについて、それぞれ伝承がまとめられる。第六章はアリー自身の言葉について、特に説教を中心にまとめられる。第七章はアリーの死についての短い章である。第八章以降はアリー以外の人物ごとに一章ずつ充てられる。第八章がハサン、第九章がフサインを扱い、第十章は彼らの異母兄弟ムハンマド・イブン・ハナフィーヤ（六三七—七〇〇）についてである。第十一章はムハンマドの妻ハディージャと、その娘でアリーの妻となったファーティマの二人についてまとめられている。ムハンマド・イブン・ハナフィーヤ、ハディージャ、ファーティマは章として独立しているもののイマームとはされていない。最後の第十二章は「イマームたちについて」という題で、第四代から第十二代イマームについて、一人ずつまとめられている。各イマームの情報量は多くないが、基本的な構造は、①親（特に母親）が誰なのかについて、②イマームの美質に関わる伝承の列挙、③死去について、となっておりアリーの部分と共通する。

4　美質の書著者たちのスンナ派性——ガディール・フンムのハディース解釈

本章で紹介したイマームを賛美するスンナ派学者たちは、本当にスンナ派と言えるのだろうか。もし彼らにスンナ派としての意識があったのなら、正統カリフと十二イマームという二系統の指導者たちの存在をどのように理解していたのだろうか。美質の書の中では、スンナ派の著者たちは自分たちの考えがシーア派に近いなどとは決して言わない。かといって、あえてシーア派との相違点を並べ立てて自分のスンナ派らしさを弁明することもほとんどしない。本節の1で紹介した『ワリーたちの装飾』におけるアブー・ヌアイムのように、イマームがシーア派の主張を否定する発言をする、といった伝承を記載することは、スンナ派の美質の書ではあまりみられない。どの美質の書も、スンナ派性やシーア派性を明示的に強調することは少なく、十二イマーム崇敬の正しさをさも当然のことのように書いているのである。ただし、彼らスンナ派学者たちの十二イマーム観はシーア派のそれと完全に一致するわけではなかった。両者がイマームの美質について同じハディースを引用していたとしても、その解釈には差があったのである。そしてその解釈の差にこそ、著者たちのスンナ派としての立場を見出すことができる。ここでは一例として、シーア派がアリーのイマーム位の正統性について最大の根拠とする「ガディール・フンムのハディース」を取りあげ、その解釈の中でスンナ派の著者たちがどのようにスンナ派性を示したかを考えてみたい。

第一節でも触れたガディール・フンムのハディースは、ムハンマドが死ぬ直前に信徒たちの前で「私をあるじとする者にとって、アリーもまたあるじである」と言った、というもので、シーア派教義にとって最も重要なハディースの一つである。ガディール・フンムとはこの発言が行われた場所の名前である。このハディースはスンナ派・シーア派双方の権威あるハディース集に収録されているので、その真偽が争点になることは少ない。しかし、「あるじ」にあたるアラビア語単語「マウラー」は非常に多義的な言葉で、クルアーンの中ですらマウラーの語が複数の意味で用いられているため、ガディール・フンムのハディースを理解するためにはムハンマドがアリーのことをどの意味でマウラーと言ったのか確認する必要がある（ここでは仮に「あるじ」と訳した）。十世紀末から十一世紀初めにシーア派教義の基礎をつくった学者シャイフ・ムフィードは論考『アラビア語におけるマウラーの分類』の中でその意味を整理し、ガディール・フンムのハディース中のマウラーの語は「従うべき主人」の意味で解釈されるべきだと主張した。「ムハンマドを従うべき主人だとみなす者はアリーをもまた従うべき主人とみなせ」ということはつまり、「ムハンマドに従った者はアリーにも従え」となる。このように解釈することで、ムハンマドはアブー・バクルではなくアリーをこそ後継者にしようとしていたのだ、とシーア派は主張してきた。同時に、このハディースを知りつつもアリーでなくアブー・バクルに従ったスンナ派には矛盾がある、という批判も展開されたのである。

スンナ派の美質の書著者たちも、当然この権威あるハディースを記載した。だが、彼らはスンナ派教義と矛盾しかねない「従うべき主人」の意味ではマウラーの語を解釈しようとはしなかった。例えば、シリアで美質の書を著したイブン・タルハはマウラーの意味を七つに分け、そのうち「助け手（ナースィル）」の意味こそこのハディースにふさわしいと主張した。

マウラーの語に関連するもののうち「助け手」［と解釈可能］である場合、ハディースの意味は「私を助け手とする者にとって、アリーもまたその者の助け手である」となる。つまり、預言者のことを助け手とする者すべてにとってアリーもその助け手である、と預言者は言っているのである。（中略）そしてその［助け手としての］性質をアリーのものと定めたのは神である。

このように語った後、イブン・タルハは論拠としてクルアーン第六六章第四節とその解釈を持ち出す。

「まことにアッラーこそが彼（ムハンマド）の助け手（マウラー）であらせられ、ジブリール（天使）と信徒たちの正しい者もまた（そうである）」という神の言葉が下された時、預言者（ムハンマド）は「信徒たちの正しい者とはアリー・ブン・アビー・ターリブ（アリー）のことである」と言うのを［ある教友は］聞いた。つまり、神が使徒（ムハンマド）に対して、助け手は神とジブリールとアリーであるという言葉を下した時、助け手としての性質がアリーに定められたのである。［*Maṭālib*: 80-81］

イブン・タルハの説明はやや複雑なので整理したい。彼が根拠とした章句では、マウラーの語が「助け手」の意味で使われている。そして章句中に出てくる「信徒たちの正しい者」とはアリーのことだ、とムハンマドは説明したとされている。つまり第六六章第四節は、ムハンマドは神と天使ジブリールとアリーに助けられている、という意味になる。そこでこの「助け手」の意味でガディール・フンムのハディースを理解しようとすると、「私に世話になった者は、アリーにも世話になるように」というニュアンスになる。これがイブン・タルハの主張だ。シーア派による「従う／従わない」という主従関係を強調した解釈よりも意味が曖昧になったことがわかる。アブー・バクルを指導者としたのに同時にアリーにも従った、というのはスンナ派教義と矛盾するかもしれないが、アブー・バクルに従ったがアリーにも世話になった、という意味ならば教義と矛盾せずにこのハディースを理解することができる。これこそ、イブン・タルハのスンナ派性を示す主張であろう。

ガディール・フンムのハディースの解釈に対する同じような試みは、イブン・タルハの同時代人スィブト・イブン・ジャウズィーにもみられる。ただし、彼の主張はイブン・タルハのものよりもさらに緻密なものとなっている。彼はマウラーの言葉の意味を十通りに分けた上で、「従うべき主人」を含む九の意味を明確に否定した。「従うべき主人」という意味が適さない理由は、「ムハンマドが生前に、アリーも従うべき主人だと言うはずがないから」であるという。つまり、「ムハンマドに従うならアリーにも従え」と言ってしまうと「二人の主人に同時に従え」という意味になってしまうが、ムハンマドが生前にそのようなことを語るはずがない、ということだ。そして、最後に残った「近しい者（アウラー）」という意味が適当だとした［*Tadhkira*: 30-34］。「近しい者」という意味でこのハディースを理解すると、「ムハンマドが信徒たちにとって非常に身近な存在であるなら、アリーもムハンマドと同様に信徒たちにとって非常に身近な存在である」となる。ここでスィブト・イブン・ジャウズィーは、「近しい者」であるアリーはその素晴らしさゆえにイマーム位がいずれめぐってくるので、その際にはアリーに従わなければならない、ということも主張している。これは、アリーが第四代正統カリフに就任した時こそが、彼にイマーム位がめぐってきたときだ、という意味であろう。つまり、アリーはムハンマドの直接の後継者だ、と考えるシーア派に対し、スィブト・イブン・ジャウズィーは「直接の後継者ではないが、最終的にアリーにイマーム位がめぐってきた時には彼に従うべきだ」と主張したのである。このように解釈することで、アリーのイマーム就任以前に信徒たちがアブー・バクル、ウマル、ウスマーンに従っていても何の問題もなくなるのである。これもスィブト・イブン・ジャウズィーのスンナ派性を示す主張と言える。

では、アリーを「助け手」や「近しい者」だと理解したとき、十二イマームはどのような位置づけになるのだろうか。十二イマーム崇敬を表明するスンナ派学者たちは、正統カリフと十二イマームをシーア派のように「どちらか一方が正統であり、もう一方は正しくない」存在だとは考えていなかったようである。正統カリフは批判される余地のない指導者であったが、十二イマームはまた別種の正しさを持っている、というように考えていたに違いない。例えば、第八代イマームのアリー・リダーを特に敬っていたイラン出身の学者サドルッディーン・ハンムーイーは、自身の美質の書の序文でイマームたちの重要性を語った後、イスラーム初期の様々な人物に対する祝福の言葉を述べている。そして、その祝福の対象には「彼（ムハンマド）の教友たち、同胞たちのすべて、彼に忠誠を誓う者たちや彼の朋友たちのすべて、そして彼のすべての助力者たち、援助者たち、娘婿たち」も含まれている [*Farāʾid*: vol. 1, 13]。教友たちのすべてを祝福する、という姿勢は、教友たちの大部分はアリーの権力の否認者であった、として批判するシーア派の立場とは異なる。また、ムハンマドの「すべての娘婿たち」と言うときには、アリーだけでなく、ムハンマドの二人の娘を妻に迎えたため「二つの光の持ち主」という尊称で呼ばれた第三代正統カリフのウスマーンも当然含まれる。すべての教友、すべての娘婿への祝福は、シーア派的立場ではありえないものなのである。このように、正統カリフの権威と十二イマームの権威は、サドルッディーン・ハンムーイーの中では競合することのないものだと考えられていた。

イマームを、カリフと正統性を争う「ウンマの指導者」として位置付けたシーア派に対し、十二イマーム崇敬を行うスンナ派学者たちは、イマームに「ウンマの指導者」という意味を強く込めることはなかった。推測も含まれるが、こうしたスンナ派学者たちは、イマームたちをムハンマドの血を引き、あまたの美質を持つ「ムスリムたちの規範」とみなし、政治的な指導者であったか、あるべきであったか、については重視しなかったのではないかと考えられる。本書冒頭で述べたとおりイマームは多義的な言葉であり、スンナ派とシーア派で同じ十二人をイマームと呼んでいたとしても、両者が想定するイマーム像には大きな違いがあったのである。

5　十二世紀―十四世紀西アジアの社会――スンナ派学者の十二イマーム崇敬の背景

十二イマーム崇敬はなぜ十二世紀から流行したのだろうか。実はその原因は未だにはっきりしていない。美質の書の著者たちは、「そもそもなぜ私は十二イマームを崇敬するようになったか」ということは語ってくれない。彼らは、さも自明のことのように、十二イマームが偉大な人々であると叙述する。そのため、我々はそうした叙述の背景を当時の様々な政治的・社会的あるいは地域的な状況から推測する必要がある。ここでは、十二イマーム崇敬の高揚と関連する当時の政治・社会状況を、①非イスラーム勢力の侵入と終末論の流行、②末期アッバース朝カリフたちの十二イマームへの関心、③スーフィズムの隆盛とホラーサーンという、三つの観点から考えたい。

①非イスラーム勢力の侵入と終末論の流行

十二―十三世紀はムスリムたちにとって、様々な非イスラーム勢力の進出・拡大に直面した危機の時代であった。シリアやエジプトには一〇九六年以降ヨーロッパから十字軍が到来し、政治・社会の大混乱が起こった。中央アジアではカラ・キタイ（西遼）が勢力を拡大し、セルジューク朝（一〇三八―一一九四）やカラ・ハン朝（八四〇―一二一二）といったイスラーム系王朝を圧倒した。続けて、十三世紀初頭にはチンギス・ハンの中央アジア遠征が起こり、その別動隊はカスピ海の南を進み、アゼルバイジャンなどの地域に大きな被害を与えた。そして何より、一二五八年にチンギス・ハンの孫フラグによる西アジア遠征によってアッバース朝カリフが殺害されるという事態が起こったことは、当時のムスリム歴史家たちの注目を集めた。こうした混乱は、一部の学者たちに終末の到来を予感させた。十三世紀シリアのイブン・タルハの美質の書には、終末の到来に関する占いや予言といったオカルト的知識の源としてイマームたちが描かれている。同じくシリアで活動したユースフ・スラミーやムハンマド・ガンジーの作品にも終末論的な関心が見て取れるという［Masad 2008］。こうした学者たちは、イマームが持つとされる超自然的・超人的な知識に着目し、終末がどのように訪れるのか、そして終末までにどのようなことが起こるのかを予測しようとしたのだった。

②末期アッバース朝カリフたちの十二イマームへの関心

十三世紀前半、一二五八年の滅亡までのおよそ五十年の間、アッバース朝カリフたちは十二イマーム崇敬に強い関心を示していた。アッバース朝は十世紀からブワイフ朝、十一世紀からセルジューク朝の支配を受け、カリフたちは実権を奪われ、その地位は名目的・象徴的なものになっていた。しかし、十二世紀末までにアッバース朝はセルジューク朝の支配を脱し、政治的独立を取り戻した。十三世紀前半の約五十年間に、アッバース朝は単に自立しただけでなく、様々な改革を行い、カリフの政治的・宗教的権威を回復しようとした。概説書でしばしばみられる「実権を失い名ばかりの存在となっていたアッバース朝を、最終的にモンゴル軍が滅ぼした」という説明は、必ずしも適切とは言えない。アッバース朝の再独立に大きな役割を果たしたのがカリフ・ナースィル（位一一八〇―一二二五）であり、彼は支配領域の安定化のためにスンナ派・シーア派双方の学者たちに接近した。シーア派への融和政策としてナースィルが行ったことの一つが、サーマッラーにあった第十二代イマームが「お隠れ」したとされる場所にそれを記念する建造物を建てることであった［Hodgson 1974: vol. 2, 283-284; Hartmann 1975: 136-172］。ナースィルの後を継いだザーヒル（位一二二五―一二二六）はムーサー・カーズィム廟とアリー・ジャワード廟の修復に着手し（ただしその完成前に死没）、ムスタンスィル（位一二二六―四二）は初代アリーの廟とアリー・ハーディー廟、ハサン・アスカリー廟の再建を、ムスタアスィム（位一二四二―五八）はムーサー・カーズィム廟の再度の修復を行った。また、アッバース朝の首都バグダードにあったムーサー・カーズィム廟には、歴代カリフが参詣に訪れている。スンナ派にとって政治的権威であったアッバース朝カリフたちがイマーム廟に関心を示していたことは、スンナ派の十二イマーム観にも影響を与えたことだろう。

③スーフィズムの隆盛とホラーサーン

十二イマーム崇敬の高揚に大きな影響を与えていた他の要因として、スーフィズム（イスラーム神秘主義）の発展も考えられる。スーフィーたちは十二世紀ごろから師弟関係の鎖で結ばれたネットワークを各地で形成しはじめ、自らが属するネットワークや自らの持つスーフィーの系譜に強いアイデンティティーを持つようになった。ただし、当時のスーフィーと学者たちの境界は非常に曖昧であり、スーフィーが法学やハディースを学んで、周囲から法学者とみなされる場合もあったし、学者たちが教養としてスーフィズムを学ぶこともあった。一人の人物がスーフィーであり学者でもある、ということは、当時の西アジアではごくありふれたことであった。

イランの出身で十三世紀末から十四世紀前半に活動したサドルッディーン・ハンムーイーもまた、あるところではシャーフィイー派法学者や伝承収集者、またあるところではスーフィーとして知られた学者であった。彼の父親サアドッディーン・ハンムーイーは当時から非常に高名なスーフィーであったため、サドルッディーンは「高名なスーフィーの息子」として当時の学者や民衆からの注目を集めた。ところで、サドルッディーンの父親のサアドッディーンは、アリーから始まり救世主で終わる、「ムハンマドの霊的権威を継承する十二人」というものを想定し

写真６　イランのホラーサーン地方にあるサアドッディーン・ハンムーイーとサドルッディーン・ハンムーイー親子の墓

写真７　ハンムーイー親子の墓石

ていたようである［Molé 1961: 74-75］。そうした父の思想から影響を受け、息子のサドルッディーンが十二イマームに関心を持った可能性は十分考えられる。十二人の霊的権威の継承者が誰なのかを、最初がアリーで最後が救世主だということ以外明示しなかった父親とは異なり、サドルッディーンはそれを十二イマームのことだと確信していた。彼は十二イマームの中でも特に、第八代イマーム、アリー・リダーへ特別な関心を抱いていた点で特徴的であった。サドルッディーンの集めた伝承は、アリー、ハサン、フサインを除けば、アリー・リダーとムハンマド・ムンタザルに関するものが突出して多い。十二イマーム崇敬といっても、彼の美質の書にはそれ以外のイマームに関してはごくわずかしか記載がないのである。こうした関心の偏りは、ハンムーイー一族がアリー・リダーの墓があるホラーサーン地方（イラン北東部）に起源を持つことと関係しているだろう。サドルッディーンの孫の残した記述によれば、ハンムーイー一族のスーフィーの系譜は、初代イマームのアリーから始まり、次にフサイン、その後の歴代イマームたちを経てアリー・リダーに至り、そこから非イマームのスーフィーたちへと引き継がれたとされる［*Murīd*: 37-38］。また、ムハンマド・ムンタザルについての伝承を集めていたことは、サドルッディーン・ハンムーイーも終末論に強い関心を抱いていたということをうかがわせる。

サドルッディーン以降のホラーサーン地方の学者たち、スーフィーたちの間にも、同じようなアリー・リダーへの崇敬が見られた。十四世紀後半のホラーサーン地方のスンナ派スーフィーには、アリー・リダーを「ホラーサーンのスルタン（支配者）」と称え、夢の中に現れたアリー・リダーと自身の霊的なつながりを主張する者もいた［Dechant 2015: 214-231］。サドルッディーンの例からは、自身の地元であるホラーサーン地方に眠るイマームへの関心が、十二イマームへの関心へと広がるケースがあったことがわかる。

このように、十二イマームへの関心はシリアやイラク、イランといった地域で複数の要因が結びつき合いながら同時多発的に生じていった。

三　十二イマーム崇敬とスンナ派・シーア派

1　イブン・カスィールの批判

十二世紀から一部のスンナ派学者の間で流行した十二イマーム崇敬だが、スンナ派のすべてが十二イマームを賛美することに同調していたわけではなかった。アリーからムハンマド・ムンタザルまでの十二人を特別視することはシーア派による異端的な考えだとみなすスンナ派も少なくなかった。ここでは、そうした批判の例として、十四世紀シリアを代表する有名なクルアーン解釈者、シャーフィイー派法学者、歴史家であるイブン・カスィール（一三〇〇―七三）の十二イマーム崇敬批判を紹介しよう。イブン・カスィールは大部な歴史書『始まりと終わり』の中で「すべてがクライシュ族の出自を持つとされる十二イマームについて」という短い論考を書いている。その冒頭では、「彼ら（十二イマーム）とは、異端派（シーア派）が主張しているような人々ではない」と断言し、シーア派が第十二代イマームだと主張するムハンマド・ムンタザルについては、「彼は存在せず、また［彼の存在について］一つの根拠も痕跡もない」と否定する。

一方でイブン・カスィールは、十二人のイマームまたはカリフがウンマの指導者として登場すること自体は否定しない。だが、そこに含まれるのはアリーとその子孫たちからなる十二人ではなく、四人の正統カリフや、有能で敬虔な君主とされたウマイヤ朝第八代カリフのウマル二世（位七一七―二〇）などであるはずだ、と彼は主張した。つまり、イマームの美質の書著者たちとは異なり、彼はイマームと呼ばれた十二人は、支配権を持ったカリフたちのうちの特定の人物たちのことだと考えたのである。続いて、彼はある教友が伝える、十二人の指導者の出現を語るムハンマドのハディースを引用している。

「ウンマの指導者位は私の死後も、彼ら（信徒たち）に十二人のカリフ、あるいは長がいる限り、確固として残る。彼らは皆そのもとでウンマをまとめるだろう。」私は使徒（ムハンマド）から別の言葉を聞いたが、それを理解できず、父に「彼は何と言ったのか」と尋ねた。父は「彼は『彼ら［十二人］は皆クライシュ族である』と言った」と言った。［*Bidāya*: vol. 6, 369］

このハディースでは、十二人の指導者は皆、ムハンマドの出自であるクライシュ族というアラブの部族出身であるとされている。アリーとその子孫からなる十二人も当然クライシュ族には含まれるが、ムハンマドやアリーの血を引いていることが重要な条件ではなくなっている。

アリーとその子孫からなる十二人ではなく、クライシュ族出身であり正統カリフとウマル二世を含む十二人こそが十二イマーム（＝カリフ）だとするイブン・カスィールは、次に、自説にもとづき十二人を確定する作業に入る。しかし、どの人物を含めるか、含めないのかの選択でこの作業は難航する。

カリフたちはワリード・ブン・ヤズィード（ウマイヤ朝第十一代カリフ。位七四三―四四）の時代までで計算上十二人よりも多くなった。というのも、まず四人のカリフ、アブー・バクルとウマル、ウスマーン、アリーがいる。（中略）彼らの次は、アリーが遺言を与えたハサン・ブン・アリーである。イラクの人々は彼に臣従の誓いをし、彼とムアーウィヤが和平を結ぶまで、シリアの人々との争いのために彼は騎乗し、人々もまた彼とともに騎乗した。（中略）次はムアーウィヤであり、次は彼の息子ヤズィード・ブン・ムアーウィヤであり、次はその息子ムアーウィヤ・ブン・ヤズィードである。次はマルワーン・ブン・ハカムで、次はその息子アブドゥルマリク・ブン・マルワーン、次はその息子ワリード・ブン・アブドゥルマリクである。その後、スライマーン・ブン・アブドゥルマリク、次にウマル・ブン・アブドゥルアズィーズ（ウマル二世）、次にヤズィード・ブン・アブドゥルマリク、次にヒシャーム・ブン・アブドゥルマリクである。これで十五人である。その次はワリード・ブン・ヤズィード・ブン・アブドゥルマリクである。もし我々が、アブドゥルマリクの前に［イブン・］ズバイルを数に入れるなら、［ワリード・ブン・アブドゥルマリクの前までで］十六人になる。計算上、ウマル・ブン・アブドゥルアズィーズの前で十二人と理解される。この計算に沿えば、ヤズィード・ブン・ムアーウィヤは十二人に入るが、ウマル・ブン・アブドゥルアズィーズは外れる。

［*Bidāya*: vol. 6, 370-371］

正統カリフの四人、アリーの子ハサン、そしてウマイヤ朝の歴代カリフを順に並べると十二人を越えてしまうだけでなく、様々な問題が生じてしまうことにイブン・カスィールは困ってしまったようだ。途中で言及されたイブン・ズバイルとは、ウマイヤ朝に対抗して反乱を起こし、メッカで自らカリフを名乗った人物である（位六八三―九二）。これらの人物を並べると、イブン・カスィールが含めたかったウマル二世が入らないうちに十二人に達してしまう上に、ウマイヤ朝第二代カリフのヤズィードが逆に入ってしまう。第一節で述べたように、ヤズィードはムハンマドの孫で第三代イマームとされるフサインをカルバラーで殺害した人物であり、またイブン・ズバイルの反乱が起こった際にメッカを攻撃し、聖地カアバ神殿を炎上させてしまった人物でもある。イブン・カスィールは、こうした低い評価の人物が入り、ウマル二世が入らない十二人はありえないはずだ、と思ったことだろう。彼はその後、いくつかの伝承を引用しながら十二人の指導者たる条件を再考する。シーア派が「ウンマがその指導者のもとでまとまっていること」を条件としていることに対しては、それならシリアの人々が敵対していたアリーやハサンですら入らなくなると却下する。逆に、アリーやハサン、イブン・ズバイルの反乱の原因をつくったウマイヤ朝カリフのマルワーン・ブン・ハカム、そして乱の首謀者イブン・ズバイルを入れない十二人を設定すればウマル二世は含まれるが、やはりアリーとハサンを含めないことはありえないとしてこれも却下する。

試行錯誤の結果、イブン・カスィールは自身の師の一人でもあるシリアの著名なハンバル派学者イブン・タイミーヤ（一二五八―一三二六）の、「彼ら〔十二人のイマーム〕はウンマの中で散り散りに存在する。彼らが〔全員〕出尽くすまで終末はやってこない」、「ユダヤ教徒のうちでイスラームの栄誉を得た者〔イスラームに改宗した者〕には誤りが多い。彼らは、彼ら〔十二イマーム〕とは異端派の一派が主張する者たちのことだと考え、彼ら〔の主張〕に従っている」という言葉を引用する。引用の前半部分は、十二イマームという人々は存在するだろうが、それが誰かは必ずしも特定されておらず、終末の時までに明らかになるだろう、という見解だ。「ウンマの中で散り散りに存在する」という言葉が地理的な意味なのか、時間的な意味なのかは判然としない。前者の場合だと一度に複数のイマームがいることがありうるし、後者の場合だとイマームがいる時期に断絶が生じることがありうる。いずれにしても、イブン・カスィールはこの引用をもって十二人の確定という作業を諦めたように見える。ただし、その十二人とはシーア派が正統と認める人々のことではない、ということがイブン・タイミーヤからの引用の後半部分から再度強調される。

というのも、ここでイブン・タイミーヤは、シーア派の十二イマームを賛美・崇敬する人々を、ムスリムではあるが新参者であり、それ故に気づかないうちにシーア派の思想に染められているのだ、と痛烈に批判しているのである。

イブン・カスィールの論考は、十二イマームをアリーからムハンマド・ムンタザルまでと考える人々を異端的だと批判する内容であった。彼の考えでは、イマームと呼ばれる十二人は誰だかはっきりはしないが、カリフであった人々の中に求められるべき存在であった。そのため彼の目には、カリフとは別の人々をイマームだとして崇敬することは、異端であるシーア派の思想に映ったのである。言い換えれば、イブン・カスィールやイブン・タイミーヤは、誰を十二イマームとみなすかというところにスンナ派とシーア派の境界線があると考えていたのである。この考えは、十二イマームはカリフたちの権威とは矛盾しない存在である、と想定したスンナ派の美質の書作者たちの考えとは大きく異なっていた。アリーからムハンマド・ムンタザルにいたる十二人を、すべてのスンナ派の人々がイマームとみていたわけではなかったのである。

2　イラクのシーア派学者たちの反応

十二イマームに関して活発に議論するスンナ派学者たちの様子が、当時のシーア派学者たちの関心の的となったことは想像に難くない。シーア派にとっては、正統カリフに対抗する形で支持していた十二イマームが、今や一部のスンナ派にとっても賛美されるようになったのである。この新たな思想潮流は、シーア派の人々にとって自分たちの発言力を強めるチャンスと映ったことだろう。そのことに最も敏感に反応したのは、イラクのシーア派学者たちであった。

十二イマーム崇敬がスンナ派学者の間で少しずつ確認できるようになった十二世紀後半から、イラクではアッバース朝の対シーア派融和政策のもとで、シーア派学者たちが社会的・政治的影響力を拡大し始めていた。その中で、バグダードの南にある都市ヒッラは学術的な中心都市として大きな発展を遂げた。ヒッラは十二世紀初頭に建設された新しい都市であったが、一二〇〇年頃までにはシリアやバハレーンなどからシーア派学生たちが学びに来るような学術都市へと急速に発展していた。十四世紀前半には、シーア派学問の最大の中心地となり、ヒッラ出身者またはヒッラにゆかりのある者を意味する「ヒッリー」が名前に入った者たちによって、法学、神学、哲学など様々な学問分野の作品が多数編纂された。

ヒッラの学者たちはイラクの主都バグダードにも積極的に進出し、その中にはアッバース朝カリフに接近する者もいた。支配者との良好な関係は、アッバース朝が倒れてイルハン朝が成立しても変わらなかった。アッバース朝カリフのムスタンスィルから庇護を受けていたヒッラのシーア派学者ラディーユッディーン・イブン・ターウース・ヒッリー（一一九三―一二六六）の転身は特に注目に値する。彼は一二五八年にアッバース朝が滅亡すると、かつてムスタンスィルが自らの名をつけて建設したバグダードのムスタンスィリーヤ学院において、他の学者たちの前で「異教徒の公平な者が、イスラーム教徒の不義者より好ましい」という法判断を下し、非ムスリムであったモンゴルの支配を肯定したとされる［アルファフリー：第一巻、四五―四六］。その後まもなく、イルハン朝初代君主フレグ（位一二五八―六五）により、イブン・ターウースはイラクのアリーの子孫たちを統括する大ナキーブという職に任命された。こうした転身により、ヒッラの学者たちはイルハン朝下でもいち早く庇護を得ることができたのである。

支配者たちとシーア派学者たちが安定した関係を築いていた一方で、イラク、特にバグダードの社会は常に宗派間の緊張に苛まれていた。スンナ派・シーア派双方の住民が多く住むバグダードでは、宗教的なトラブルが住民同士の衝突に発展するということがしばしば見られた。スンナ派学者であれシーア派学者であれ、住民を刺激するような発言を迂闊にすれば、それが大惨事を招くことはよく理解していたことだろう。ヒッラの学者たちがバグダードで活動していたとは言っても、スンナ派とシーア派の人々の関係が常に良好であったというわけではない。

十二イマーム崇敬の流行と宗派間の緊張が併存するイラクにおいて、シーア派学者たちは独自の美質の書を編纂していった。その先駆となったのはヒッラ出身のイブン・ビトリーク・ヒッリー（一二〇四／五年没）だ。彼はイラク各地の都市で学び、シリアにも渡った経験があった。彼は美質の書である『敬虔者たちのイマームの美質に関する正しき伝承の精選についての支え』とその『補遺』を著したが、そこから彼の十二イマーム崇敬に関する主張を見て取ることができる。まず、イブン・ビトリークは『支え』の序文で「たとえ彼（アリー）のイマーム位の後か先かを信じることについて彼ら（スンナ派）の考えと相違があるとしても、イスラームの民はすべて彼のイマーム位を認めることに同意している」と主張している。これはつまり、アリーはムハンマドの死後すぐに初代イマームになったとするにせよ、先行する三人のカリフの後に第四代正統カリフとなったとするにせよ、アリーが指導者であったこと自体はスンナ派もシーア派も同意している、という見解である。しかし、そうした同意がありながらもアリーの指導者の地位を認めようとしない学者たちがいるのは、彼らがクルアーンやムハンマドの言行に直接目を向けず、自分たちの師の言葉にのみ耳を傾けているからだ、とイブン・ビトリークは説く。そこで、彼はスンナ派の間で権威あるハディース集五作品と、クルアーン注釈書一作品、そしてイブン・マガーズィリーの著した美質の書の計七作品を中心に、スンナ派の作品のみを用いてアリーの美質を示す、と宣言する［*'Umda*: vol. 1, 61-63, 76-77］。『補遺』ではさらに多く作品から引用がなされるが、すべてスンナ派のものであることは『支え』と同じである。

『支え』と『補遺』でスンナ派作品からのみ引用がなされるといっても、それはスンナ派の主張を引き合いにだして論駁するためではなかった。これら二作品ではスンナ派に対する批判は徹底して排除されている。同時に、シーア派の作品は一切引用されないので、『支え』と『補遺』は一見すると十二世紀ごろまでのスンナ派によるアリーの美質の書のような内容となっている。ただし、その中にもイブン・ビトリークが技巧を凝らした部分がある。『支え』の序文で、この書がアリーの美質を扱うことを宣言しているが、実は『支え』の末尾には、ハサンやフサインの美質に関する章や、ウンマの指導者が十二人現れること、救世主は預言者の子孫であることなどに関する章が設けられている。各イマームや救世主が具体的に誰なのかは明示されていないものの、十二イマームと救世主は預言者の子孫であり、それはシーア派が主張している十二人なのだろう、と読者を誘導する構成になっている。従って、『支え』には、アリーの美質だけでなく十二イマーム全体を正統化する目的があったのだと考えられる。

イブン・ビトリークの独特の執筆スタイルの狙いは何だったのであろうか。シーア派信徒たちにシーア派の正しさを示したいのであればシーア派の作品を引けば良いし、スンナ派を批判しても良いはずである。十二イマームがそれぞれ誰か、救世主は誰かということもシーア派にとっては周知のはずである。筆者は、イブン・ビトリークがあえてこうした回りくどい方法をとったのには、アリーやイマームに関するスンナ派の権威ある伝承を網羅し、それをスンナ派読者たちに向けて示すという狙いがあったと考える。その上で、アリーとイマームの美質はシーア派だけの主張ではなく、超宗派的な合意のあるものなのだ、というメッセージを発しようとしていたのではないだろうか。

イブン・ビトリークの執筆スタイルは、ヒッラの学者たちを中心に継承され、さらに発展していく。次世代のヒッラの学者たちもまた、スンナ派作品から主な引用を行い、スンナ派批判を控えた美質の書を次々と残していった。十三世紀になると、イブン・ビトリークの時代よりもスンナ派による十二イマームの美質の書が多く存在していたので、そうした同時代の作品や学者たちからも繰り返し引用がなされるようになった。例えば、十三世紀前半に北イラクで活動したアスアド・ブン・イブラーヒーム・ヒッリーは、スンナ派法学派の一つマーリク派に属する著名な学者に直接学んだ内容として、アリー一族の美質に関する四十のハディースを集めた作品を残している。イルハン朝の支配を肯定した前述のイブン・ターウースは、同時代人で十二イマームの美質の書を著したスンナ派学者イブン・タルハやムハンマド・ガンジーの作品から引用を行っている。

イルハン朝下のバグダードで活動したシーア派学者アリー・ブン・イーサー・イルビリー（一二九三年没）は、ヒッラではなく北イラクのイルビル出身だが、ヒッラの学者たちから学び、その影響を受けて美質の書『イマームの知識に関する悲嘆の除去』を著した。イルビリーは『悲嘆の除去』において、過去や同時代の様々なスンナ派作品を引用しながら、アリーだけでなく十二イマーム全体の美質を扱った。彼は同書の序文でその執筆の背景について次のように述べている。

> 信徒たちの長（アリー）とハサン、フサインについては、彼ら（スンナ派）の諸書の中でも彼らの諸美徳・諸美質が見出されおり、おそらくはそれで充分で明白だろう。しかし、残りのイマームたちについては、彼ら（スンナ派）の有力者たちや学者たちの一部の集団は彼らの名前すらほとんど知らず、たとえ知っていたとしても彼らがひとまとまりの者たちであり、それ以外の者たちよりも優れているとはみなさない。（中略）私は近頃、彼ら（スンナ派）の裁判官たちや教授たちの一部の者が、ムーサー・ブン・ジャアファル（第七代イマームのムーサー・カーズィム）の墓への参詣をよしとせず、我々がそこを参詣したときには［一緒に参詣せずに］壁のふちに座って我々を待っていて、［我々が参詣を終えた後に］我々とともに戻る、というようなことをするのを目撃した。だが、彼らは禁欲者たちやスーフィーたちの墓には参詣し、［スーフィーらのように］言葉に耳をかさず、礼拝を行わず、不浄を遠ざけようともしないような愚か者たちや頭の狂った者たちに対しては愛着を示すのである。
>
> ［*Kashf*: vol. 1, 5-6］

イルビリーは、アリーからフサインまでの美質は大方のスンナ派も認めるところだが、第四代目以降のイマームの美質については、一部のスンナ派学者たちは無知であるか、知っていてもそれを認めようとしない、と批判している。また、スーフィーの墓には参詣してもバグダードのムーサー・カーズィム廟への参詣は拒否するような者がいるとも語っている。注意すべきは、イルビリーの批判の矛先は「スンナ派全体」や「スンナ派教義そのもの」ではなく、あくまで「スンナ派のうちでイマームの美質を認めない者たち」である、という点だ。イルビリーがムーサー・カーズィム廟参詣を例に挙げているところをみると、当時すでに一部のスンナ派もイマームの廟を参詣するようになっていたのであろう。最末期アッバース朝のカリフたちですらムーサー・カーズィム廟に繰り返し参詣していた事実を考えれば、イルビリーの主張が当時のスンナ派学者たちにとって無視しがたいものであったことは想像に難くない。イマームに関する崇敬は宗派を越えるものであるべきだということこそ、イルビリーがここで強調したいポイントであろう。一方では当時のスンナ派の一部に批判の的をしぼり、もう一方では十二イマーム崇敬に関するスンナ派作品を繰り返し引用するといった非常に戦略的な執筆方針で、『悲嘆の除去』は書かれたのである。

ヒッラ流とも言える執筆スタイルで書かれた一連の美質の書は、スンナ派学者たちの一部にも肯定的に読まれていたようである。イエメンのザイド派によれば、あるスンナ派学者が『支え』を著者のイブン・ビトリークから学び、ザイド派に伝えたとされる［Ansari & Schmidtke 2013: 168-169］。また、正確な宗派は不明だが、十三世紀前半のスンナ派歴史家たちと交流のあった詩人伝編纂者のイブン・シャッアール（一一九八―一二五六）もまた、自らの詩人伝の中でイブン・ビトリークを良き書を残した人物とし、『支え』と『補遺』について簡潔に紹介している［*Qalā'id*: vol. 9, 219］。イルビリーの美質の書も同時代のスンナ派学者に学ばれたり、後代のスンナ派作品に引用されたりしている。もちろん、中世の書物にどれくらいの読者がいたかを想定するのは非常に困難なことである。しかし、これらの学習者、引用者の例からは、ヒッラ流の美質の書が一部のスンナ派に学ぶ価値のある作品として認識されていたということがうかがえる。

ヒッラ流の美質の書の執筆スタイルは、イブン・ターウースの弟子であり、シーア派史上最大の学者の一人とされるアッラーマ・ヒッリー（一二五〇—一三二五）にも踏襲された。アッラーマ・ヒッリーはヒッラの最盛期の人物であり、神学、法学などで数多くの作品を残すとともに、シーア派に改宗したイルハン朝第八代君主オルジェイト（位一三〇四—一六）に招かれて彼の宗教助言者となった。彼はオルジェイトに四つの宗教書を献呈したが、そのうちの一つが一三一〇年に書かれたアリーの美質の書『信徒たちの長の美質についての確信の開示』であった。この美質の書にも、スンナ派文献に大幅に依拠して書かれ、スンナ派に対する表立った批判もみられないという、イブン・ビトリーク以来の執筆スタイルが見られる。一方で、アッラーマ・ヒッリーの時代は、ヒッラのシーア派学者たちの美質の書執筆活動にとって転換期であったとも考えられる。オルジェイトのスンナ派からシーア派への改宗は、イルハン朝下のスンナ派の民衆や学者たちの反発を招いた。バグダードではアッバース朝末期以来約五十年ぶりにスンナ派住民による大規模な反発が起こった。また、アッラーマ・ヒッリーが『確信の開示』を書く前年に同じくオルジェイトに献呈した『イマーム位を知るための高貴なる道』は、スンナ派批判やスンナ派に対するシーア派の優位を明示的に主張するものだった。それまでヒッラの学者たちがスンナ派批判を控えて様々な作品を残したり、スンナ派学者たちと交流したりしてきた経緯を考えれば、この『高貴なる道』は異例な作品であった。[15]『高貴なる道』は同時代のシリアのスンナ派学者イブン・タイミーヤの反発を招き、彼によって大部な論駁書が書かれた。オルジェイトやアッラーマ・ヒッリーが主導したイルハン朝のシーア派化は一代限りで終わり、オルジェイトの次の君主はスンナ派への回帰を宣言した。しかし、宗派の境界を鮮明化させ、宗派間対立を再燃させるきっかけになったという意味で、彼ら

写真8　オルジェイトが建設した都市スルターニーヤにあるオルジェイト廟。アッラーマ・ヒッリーはこのスルターニーヤで『確信の開示』を執筆した。

によるシーア派化の推進は後代に影響を残してしまったのである。アッラーマ・ヒッリーの後、ヒッラの学者たちの間でスンナ派作品に基づいた美質の書がほとんど書かれなくなってしまったのも、こうした宗派間関係の変化が影響しているのかもしれない。

3 イランのシーア派学者たち――もう一つの反応

スンナ派の十二イマーム崇敬が見られた時代、イラクのシーア派学者たちだけでなく、イランで活動していたシーア派学者たちもスンナ派の動きを注視していた。しかし、彼らのスンナ派に対する姿勢や主張はイラクの人々のそれと大きく異なっていた。ここではイランのシーア派学者として、十三世紀末から十四世紀初頭にかけて活動したイマードッディーン・ハサン・タバリーの主張を紹介しよう。

イマードッディーン・ハサン・タバリーは、「タバリー」の名から、彼自身か彼の先祖がカスピ海南岸のタバリスターン（現在のイランのマーザンダラーン州あたり）の出身だったと推測される。彼はイランの都市イスファハーンに赴き、イルハン朝下で同市の長官であったバハーウッディーン・ジュワイニー（一二八八年没）に接近した。そして、『壮麗さの完全』や『使徒の御家の人々の美質と清純なる者の子孫の美質に関する伝承・ハディース・逸話』などの作品を彼に献呈した。バハーウッディーン・ジュワイニーの属するジュワイニー家は当時イルハン朝で有力な政治家一族であったから、書物の献呈を通じて彼らの庇護や支援を得ようとしたのだろう。『壮麗さの完全』というタイトル（ペルシア語でカーミリ・バハーイー）は、献呈相手であるバハーウッディーンの名にちなんでいる。その内容は主にムハンマドの後継者としてのアリーの正統性を美質に関係する伝承を通じて説くものである。『伝承・ハディース・逸話』はアリー一族に関する美質の書である。これまで紹介した美質の書はすべてアラビア語で書かれたものだが、この二書はペルシア語で書かれており、このこともイランならではの特徴と言えるだろう。[16]

『壮麗さの完全』はアリーがアブー・バクルとウマルよりもいかに優れていたか、そしてそんなアリーからアブー・バクルとウマルがいかに権利を簒奪したかを論じる。その論じ方は、アブー・バクルとウマルの正統性を一つ一つ論駁するというもので、そこではスンナ派とシーア派の相違点やスンナ派の矛盾点が強調されている。例えば、アブー・バクルの指導者の地位について次のように否定される。

信徒たちの長（アリー）の公正さ、正義、博識、苦行、禁欲については［スンナ派もシーア派も］一致しているとされる。そして、彼の無謬性について、シーア派は理性や［クルアーンやハディースからの］引用の根拠によって信じている。また、アブー・バクルに無謬性がないということにも意見の一致が得られている。というのも、彼は［イスラームに帰依するまでの］四十六年間偶像崇拝者であり、後にイスラームに帰依したのだから。そして、彼の公正さについても反対意見がある。ある集団は「彼は公正な人でも正義の人でもなかった」と言うし、また別の集団は「イスラームに帰依した後なら公正で正義の人であった」とも言う。（中略）その公正さに千もの反対意見がある人物に従うというのは適切ではなかろう。［*Kāmil: 75*］

このように、アリーの美質の説明だけでなく、アブー・バクルの正統性の否定にまで議論が及んでいる。これは、スンナ派批判を控えるヒッラ流の美質の書の執筆スタイルと大きく異なる語り方であると言えよう。

『伝承・ハディース・逸話』はまた別の特徴を持つ。この作品は彼の他の作品と異なり、どの文献から伝承を引用しているかが比較的細かく記されている。そこではイブン・マルダワイヒやアフタブ・ハーラズムといった十二世紀後半までの有力な美質の書作者たちとともに、イスファハーン出身者でイマードッディーン・ハサン・タバリーと近い時代、あるいは同時代を生きた三人の学者の名前も引用元として繰り返し言及される。その三人とは、シャーフィイー派のアブー・アル＝フトゥーフ・イジュリー（一一二一－一二〇三）と、おそらくスンナ派学者で、『アリーに関して下された啓示』という作品を書いたことで知られるマフムード・サーリハーニー（一二一五年没）、そしてタバリーと直接面識のあったイスファハーンのスンナ派学者ウバイドゥッラー・カッターンである。[17] スンナ派文献に依拠しつつ美質を語る、という点はヒッラ流の美質の書に近いと言えるが、『壮麗さの完全』と同様、スンナ派への批判やスンナ派のハディースへの論駁といった点に主眼が置かれているところが、ヒッラ流執筆スタイルとは異なっている。例えば「私が預言者（ムハンマド）とともにいたとき、彼はウマル・ブン・ハッタープと手をつないでいた」というウマルの評価についての伝承に対し、イマードッディーン・ハサン・タバリーは次のように批判する。

伝承者たちは「使徒（ムハンマド）の日ごろの行いには、ロバに乗って他の者を横に並べ、互いに手をつないで市場まで行き、そこで手を放す、ということがあった」ということで意見が一致している。（中略）したがって、ウマル・ブン・ハッタープと手をつなぐ日があったからといって誇るようなことではなかろう。（中略）［マフムード・サーリハーニーの］『精選』と［ウバイドゥッラー・カッターンの］『極致』の書、そしてその他の彼ら（スンナ派）のハディース集には［ムハンマドとアリーの親密さについて］次のように書かれている。アリーは両足を預言者の肩にのせて［そこに置かれた偶像である］フバル神像をカアバ神殿の屋根から落とした。また、［ムハンマドが多神教徒に追われて隠れた］洞穴の夜に、［使徒のふりをして多神教徒を欺くために］彼（アリー）は使徒の覆いを頭にかけて使徒の住まいで眠っ［て影武者となっ］た。また、［預言者が没したときに］使徒を自らの手で沐浴させ、死者の衣を着せ、彼（ムハンマド）の吉兆なる御顔を地面に横たえた。［*Akhbār*: 134-135］

ここでは、ムハンマドと手をつなぐ、ということをウマルが信頼されていた証だとする解釈が成り立たないことを示すために、スンナ派の作品を引きながら、アリーへの信頼の方が一層大きなものであったと主張している。ウマルが特別な文脈なくムハンマドと手をつないでいたとされる一方で、アリーはムハンマドがメッカで偶像崇拝を禁止した時や、敵対者に狙われた危機の時、死後に埋葬される時など様々な重要時にアリーの手を借りていた、ということが強調される。作者と近い時代に書かれたスンナ派文献は、ここではスンナ派教義への批判の道具として用いられているのである。スンナ派作品を用いてイマーム崇敬への超宗派的合意を示そうとしたヒッラ流の美質の書とは、スンナ派作品を引用する目的が大きく異なっていたと言える。

イマードッディーン・ハサン・タバリーに似たスンナ派への態度を示したイランのシーア派学者として、十三世紀前半に活動したアスアド・イスファハーニーが挙げられる。彼はいくつかの美質の書を著したとされているが、いずれも現存せず、唯一残っている作品は『祈願の解説における愛情の湧出』である。タイトルにある「祈願」とは、初代イマームのアリーが自らの権利の簒奪者たるアブー・バクルとウマルを呪うために行ったとされる祈願のことで、アリーがこのような祈願をしたという伝承はシーア派の間でのみ広まっていた。アブー・バクル、ウマル、アリーをいずれも規範的なムスリムとみなすスンナ派にとっては到底受け入れられない伝承であろう。この作品自体は美質の書ではないが、この祈願が行われた背景として、「ムハンマドがいかにアリーを自身の後継者にしたいと思っていたか」ということが解説されており、アリーの美質に関するハディースが列挙されている。アリーを後継者にしたかったムハンマドの遺志を妨げたアブー・バクルとウマルは、アリーから呪いの祈願をされても不思議ではない、という考えである。そして、アスアド・イスファハーニーは、引用したアリーの美質に関するハディースはどれも自分がスンナ派学者たちから直接学んだものであること、それらのハディースはすべてスンナ派の権威あるハディース集に記載されていることを強調する［*Rashh*: 64-65］。イマードッディーン・ハサン・タバリー同様、ここでもスンナ派文献や同時代のスンナ派学者たちの伝える伝承は、正統カリフの否定という、スンナ派教義の根幹への批判に利用されていることがわかる。

イラクとイランのシーア派学者たちの間には美質の書の執筆スタイルで大きな隔たりがあった。しかし、両者の間に交流がなかったわけではない。イブン・ターウースはバグダードに来たアスアド・イスファハーニーから学んでおり、イマードッディーン・ハサン・タバリーの息子はアッラーマ・ヒッリーに学んでいた。だが、イラクでは宗派対立の回避がより重要視されたのかもしれない。イラクのシーア派学者たちは、宗派間の優劣を強調するよりも、宗派を越えた共通点として十二イマーム崇敬を位置付けることに重きを置いたのであった。そしてその結果、ヒッラの学者たちを中心に支配者や一部のスンナ派学者と良好な関係を構築することができた。一方、スンナ派批判に重きを置いたイランのシーア派学者たちの美質の書は、スンナ派学者や彼らの作品を引用しているとはいえ、その後のスンナ派学者たちに引用されることはほとんどなかった。

おわりに

本書では、イスラーム史におけるウンマの指導者位と美質の関係、スンナ派学者による十二イマーム崇敬と十二イマームの位置づけ、十二イマーム崇敬の流行をめぐるスンナ派・シーア派双方の内部での多様な見解について紹介してきた。十二イマームの美質の書が歴史資料として本格的に研究されはじめたのは二十一世紀に入ってからであり、未解決の部分も多いテーマであるが、本書はその大まかな全体像を示した。そこからは、十二イマームと呼ばれた人々が宗派を越えて称えられ、尊敬されていたことがわかった。しかし、美質の書や関連作品を残したスンナ派学者たちはスンナ派教義を捨て去ったり、あるいは宗派的立場を軽視したりしたのではない。こうしたスンナ派学者たちは、自らの置かれた社会的・政治的・地域的状況の中でイマームたちに関する知識を必要とし、またスンナ派の枠内で彼らの美質を称賛しようとしたのであった。他方で、アリーから始まる十二人を「シーア派的な存在」とみなし、彼らへの崇敬を批判する学者たちもスンナ派の枠内に同居していた。そこからは、多数派であるスンナ派には、正統カリフさえ否定しなければ、他の誰を尊敬するかについて多様な見解を包摂するだけの柔軟性があったことがうかがえる。

少数派であるシーア派の内部にも、スンナ派の間でのイマーム崇敬に対する多様な見解が存在していた。イランではイマーム崇敬をスンナ派に対する批判材料に利用していたが、イラクではイマーム崇敬を超宗派的なものと位置づけてスンナ派との結節点にしようとしていた。両派それぞれの学者たちがどのような立場でイマームに関する対話に臨んだかによって、宗派の境界の位置や濃淡は変化したのであった。

本書では語りつくせなかった、十四世紀以降の十二イマーム崇敬についても少し述べておきたい。本書は主に十二世紀後半から十四世紀までを扱ったが、この崇敬に関連する文献は十六世紀まで西アジア各地で盛んに書かれ続けた。紙幅の都合上言及できなかったが、これらの作品も十二―十四世紀の作品同様、当時の社会や文化、宗派間関係を考えるのに有益なものであることは間違いない。特に、イランにおけるアリー一族崇敬、十二イマーム崇敬の広がりは、十六世紀のサファヴィー朝（一五〇一―一七三六）によるシーア派の国教化を容易にした、と言われている［Mitchel 2011: 51］。また、オスマン朝（一三〇〇頃―一九二二）とサファヴィー朝の間で宗派を前面に出した形での争いが起こる十六世紀においても、オスマン朝下でスンナ派学者が残した年代記などでは十二イマームを崇敬する記述が見られることが指摘されている［Erginbas 2017］。ただし、十七世紀以降については、スンナ派学者が著した十二イマームの美質の書や関連作品はそれほど多くない。学者たちの間で美質の書が書かれなくなるとはいえ、民衆の間や特定の地域においては十二イマーム崇敬が残った可能性も考えられる。本書では十分に扱えなかった地域であるが、例えば中央アジアでは、十二イマーム崇敬がその後も民衆の信仰と結びついて残っていた。中国の新疆ウイグル自治区西部には十二イマームのうち第六、七代と第九代から第十二代イマームの廟や参詣地が現在まで残っている〔Sawada 2012〕。

それでは、十二イマームは今日のスンナ派・シーア派関係においてどう位置付けられるだろうか。これも壮大なテーマであり、一言でまとめることは適切ではないが、いくつかの点について見通しを含め述べてみたい。まず、十二イマームは、十二イマーム・シーア派の名前とともに、シーア派的な存在とみなされることも多いことは疑いの余地もない。十二イマームの美質をまとめようというスンナ派学者は、今日ほとんどいないだろう。一方、特定の人物の高貴なる血統を、十二イマームを根拠にして説明することは現在のスンナ派の間でもしばしばみられる。

例えば、イラン国内でもスンナ派が多く住むペルシア湾岸地域を筆者が旅行したとき、バンダレ・レンゲという港町にあるアフガーン・モスクというスンナ派のモスクで、「黄金の系譜」という題の系図が貼られていた。ここでは、ムハンマドと正統カリフ、およびその子供たちの系図の後、その下部で第六代イマームのジャアファル・サーディクがアブー・バクルの孫娘を母に持っていたことが強調されていた。言い換えれば、イマームたちの血統

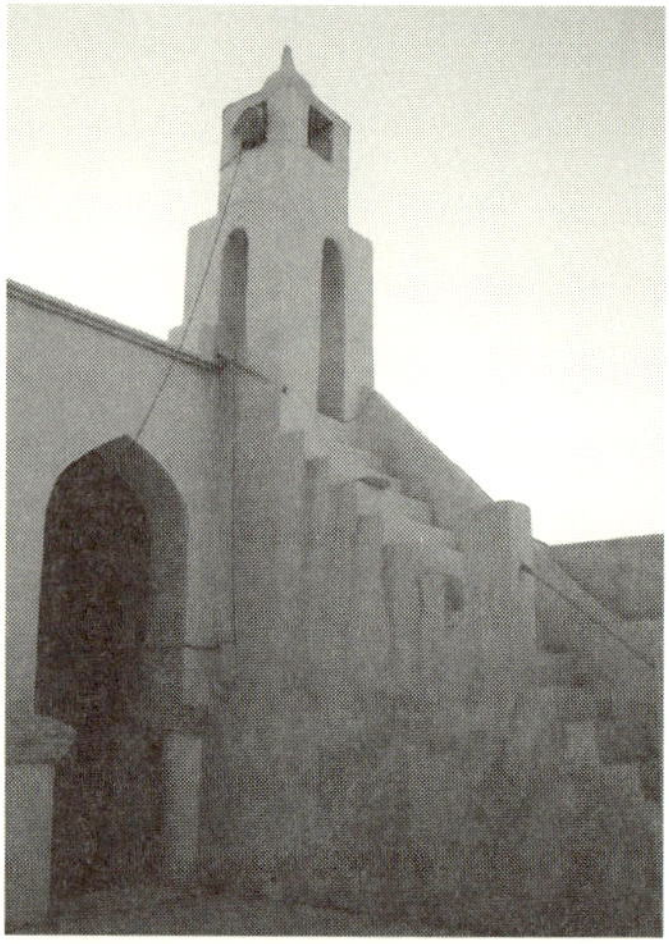

写真 9　アフガーン・モスク

写真 10　アフガーン・モスク内にあった「黄金の系譜」の説明。

写真 12　ザイヌッディーン・シーラーズィーの系図

写真 11　ザイヌッディーン・シーラーズィー廟

はアブー・バクルの血統と合わさることでより素晴らしいものになったのだと、この系図は物語っているのである。また別の例として、インド中部の小さな町クルダーバードにある十四世紀のスンナ派スーフィー、ザイヌッディーン・シーラーズィー（一三〇一―七〇）の廟を訪れた際に見つけた彼の系図も挙げられる。ムガル朝皇帝アウラングゼーブ（位一六五八―一七〇七）は彼への崇敬のあまり、彼の廟に隣接して自身の墓をつくらせているが、彼はそれほどまでに高名なスーフィーであった。廟にあった彼の系図には、彼がムハンマドの子孫であり、その血統の中にアリーから第八代イマームのアリー・リダーまでが含まれることが記されているとともに、本書で扱った十二イマームにあたる人物には「イマーム」という称号がつけられて強調されていた。

また、筆者はこれまでに何人かのイラク人の知り合いから、イラクにあるイマーム廟にはスンナ派の人々の一部も参詣に訪れる、という話を聞いたことがある。バグダード大学のある教授も筆者に「シーア派はバグダードにあるスンナ派の偉人たちの廟には参詣しないが、スンナ派の人々の一部はイマーム廟に参詣することがある」と話してくれたことがある。治安の問題もあって筆者はまだイラクに行った経験はないが、イラクでは、他の地域よりもスンナ派の人々とイマームたちの心理的な距離が近いのかもしれない。このように、イスラーム史の中で十二イマームをめぐり交わされた様々な議論の痕跡は、宗派間の境界が硬化したとされる今日であっても、ムスリムたちの宗教生活の色々なところに顔をのぞかせている。

もう一方のシーア派ではどうだろうか。彼らにとって十二イマームは当然信仰の根幹だが、スンナ派の間にも十二イマームへの崇敬があった（そして今も存在する）、という認識を持つ者は、筆者が留学していたイランでは少なくなかった。ただ、十二イマーム崇敬をするスンナ派学者がいたということから、「本来スンナ派教義は十二イマームを認めていたのに、過激なスンナ派はそれを認めようとしない」という見解につながる場合もあった。多様な見解を包摂してきたスンナ派について、何が「本来」のものなのかを論じるのは難しいのではないか、と筆者は感じる。

昨今のニュースでは、スンナ派とシーア派は多くの教義上の相違点を持ち、イスラームの初期から現在にいたるまで対立を続けてきたことが繰り返し強調される。宗派対立はもちろん歴史上存在してきたが、それと同時に彼らは同じ空間と関心を共有していた。十二イマーム崇敬は、それを認めるにせよ否定するにせよ、イスラーム史を通じて多くのムスリムたちの関心を引いてきたのである。その長い歴史の中で、スンナ派とシーア派のアイデンティティーや両派の境界線は、複雑かつ多様に変化しながらゆっくりと形成されていった。十二イマーム崇敬のあり方は、そうしたスンナ派・シーア派の形成の歴史を考える上で重要な示唆を与えてくれるのである。

注

（1）正統カリフとは即位順に、当時信徒たちの間での長老格でありムハンマドの妻の一人アーイシャの父であったアブー・バクル、アブー・バクルの盟友でありムハンマドの妻ハフサの父であったウマル、ムハンマドの2人の娘を順に妻としたウスマーン、ムハンマドの従兄弟であり彼の娘ファーティマを妻としたアリーの4人のことである。

（2）イマームという言葉は、スンナ派の間ではしばしばカリフの同義語として用いられる。本書では混同を避けるため、断りがない限りイマームという言葉を正統カリフやウマイヤ朝・アッバース朝のカリフたちを指すものとしては用いず、十二イマームと呼ばれる人々を指すものとしてのみ用いる。

（3）「美質」と訳したアラビア語ファダーイル（素晴らしいもの、秀でているもの）、マナーキブ（素晴らしい特徴・功績）、ハサーイス（他のものが持っていないような特長）は、英語の研究書などでは virtues や excellences などと訳される。これらの概念には、日本語の「美徳」という言葉に近いような後天的な性質・言動だけでなく、誕生のはるか前から神がその者の素晴らしさを予定していたということや血統の良さといった、先天的なすばらしさも含まれる。また、本書ではカリフやイマームといった宗教指導者を扱った美質の書を中心に議論するが、イスラーム史上ではそれ以外の様々な人物、モノに対して美質の書が書かれた。例えば、メッカやバグダード、ダマスクスなどの都市についての美質や、クルアーンの美質、著名な学者やスーフィー、聖者の美質などがある。

（4）教友とは、預言者ムハンマドと直接に接したことのあるムスリムを指す。預言者の言葉であるハディースは、教友から次世代のムスリムに伝えられた。また、ムハンマドの仕草やあるべきムスリムの振舞いについて教友が語る伝承も後代のムスリムにとって重要な規範となった。四人の正統カリフやアリーの子ハサンとフサイン、ウマイヤ朝の初代カリフのムアーウィヤは皆教友である。

（5）なお、スンナ派の間でも救世主に関する議論はあり、イエスが救世主だという見解もあるが、救世主が誰でどのような役割を持つかについてスンナ派学者たちのほとんどはシーア派ほど熱心に論じない［菊地　二〇〇九：一四五―一五〇］。

（6）「楽園を約束された十人」とは、スンナ派の間で特に高く評価されている十人の教友のことで、ムハンマドのハディースに由来する。正統カリフの四人であるアブー・バクル、ウマル、ウスマーン、アリーに加え、タルハ、ズバイル、サアド・ブン・アビー・ワッカース、サイード・ブン・ザイド、アブドゥッラフマーン・ブン・アウフ、アブー・ウバイダ・ブン・ジャッラーフの計十人である。

（7）スンナ派ではムハンマドに遡る伝承のみをハディースと呼ぶのに対し、シーア派ではムハンマドとイマームに遡る伝承をハディースと言う。

（8）これら十二イマーム派の作品は、研究者たちによっては伝記集や歴史書に分類されることもある。しかし、イマームの美質に関する伝承をまとめたという意味で美質の書と基本的な性質は共通している。本書では用語が多岐にわたるのを避けるため、美質の伝承を並べた形の伝記集や歴史書もまた美質の書として扱うこととする。

（9）イマームたちの尊称の訳語や、彼らの生涯に関するシーア派の見解はタバータバーイー［二〇〇七：一八六―二一七］に従う。

（10）アリーの墓がどこかについては、さまざまな場所にその伝承が残っている。一般的にはイラクの都市ナジャフのものが知られるが、そのほかにバグダードやアフガニスタンのマザーリシャリーフにもアリーの墓の伝承がある。

（11）イブン・マルダワイヒよりも古い時代に書かれたアリー一族に関連する作品としては、ドゥーラービー（九二三年没）の『清らなる子孫』やイブン・ハールワイヒ（九八〇／一年没）の『一族の書』（現存せず）などが知られている。しかし、これらの著者は様々な歴史書、人名録で記述があるものの、どの宗派に属した人物なのかは明らかにされていない。

（12）清貧・苦行や特定の修行などを通じて神との合一を目指すイスラーム神秘主義者のこと。ただし、十四世紀の時点では学者たちの持つべき教養の一つとなっており、スーフィーと学者を厳密に区分することは難しくなっていた。

（13）九〇年代までの欧米の研究では、アリー一族や十二イマームへの崇敬はスーフィーや民衆の実践する習合的で非正統的な「民俗イスラーム」の現象であり、学者らによる「高等イスラーム」では見られない現象だとされる傾向があった。しかし、九〇年代末以降の研究の進展により、高等イスラームに属するはずのスンナ派学者たちの間にも同様の崇敬が見られることが明らかにされてきた。

（14）十七世紀以降のスンナ派によって書かれた十二イマームの美質の書の例としては、エジプトで活動したアブドゥッラー・シャブラーウィー（一七五八年没）の『高貴な人々への愛の贈り物』、中央アジア出身でありイスタンブルで活動したスライマーン・クンドゥーズィー（一八七七年没）の『預言者一族のための愛の泉』などがある。

（15）例外として、イブン・ターウースはスンナ派批判の書を著したとされているが、その作品の中では自らをキリスト教からの改宗者と称して偽名を用いており、自らの名による批判にならないような配慮が見られる。このスンナ派批判書の真の著者がイブン・ターウースであったことは、彼の死後の十四世紀前半に同じヒッラの学者によって明らかにされた。

（16）イマードッディーン・ハサン・タバリーにはこの他に『清浄なる者たちの美質』や『清浄なるイマームたちの美質に関する敬虔な者たちの贈り物』という作品があり、その中で十二イマーム全体の美質を扱っている。

（17）ウバイドゥッラー・カッターンについては他の史料に言及がなく詳細は不明だが、イマードッディーン・ハサン・タバリーの『イマーム位の秘奥』という作品で、一二七六／七年にイスファハーンで著者にハディースを伝えたと記されていることから［*Asrār*: 348］、十三世紀後半にイスファハーンで活動していた人物であると推測される。

参考文献

【史料】

Akhbār: ʻImād al-Dīn Ḥasan al-Ṭabarī, *Akhbār wa Aḥādīth wa Ḥikāyāt dar Faḍā'il-i Ahl-i Bayt-i Rasūl wa Manāqib-i Awlād-i Batūl*, ed. Rasūl Ja'fariyān, Tehran: Mu'assisa-yi Farhangī-i Hunarī-i Ma'shar, 2012.

Asrār: ʻImād al-Dīn Ḥasan al-Ṭabarī, *Asrār al-Imāma,* ed. Majmaʻ al-Buḥūth al-Islāmīya, Mashhad: Bunyād Pazhūhishhā-yi Islāmī, 2011/2.

Bidāya: Ibn Kathīr, *al-Bidāya wa-l-Nihāya,* ed. ʻAbd al-Qādir al-Arnāʼūṭ and Bashshār ʻAwwād Maʻrūf, 20 vols, Damascus: Dār Ibn Kathīr, 2010.

Farāʼid: Ṣadr al-Dīn al-Ḥammūyī, *Farāʼid al-Simṭayn fī Faḍāʼil al-Murtaḍā wa-l-Batūl wa-l-Sibṭayn wa-l-Aʼimma min Dhurrīyatihim,* ed. Muḥammad-bāqir al-Maḥmūdī, 2 vols, Beirut: Muʼassasat al-Maḥmūdī, 1978.

Ḥilya: Abū Nuʻaym al-Iṣfahānī, *Ḥilyat al-Awliyāʼ wa-Ṭabaqāt al-Aṣfiyāʼ,* ed. Muṣṭafā ʻAbd al-Qādir ʻAṭā, 12 vols, Beirut: Dār al-Kutub al-ʻIlmīya, 1997.

Kāmil: ʻImād al-Dīn Ḥasan al-Ṭabarī, *Kāmil-i Bahāʼī,* ed. Akbar Ṣafdarī Qazwīnī, Tehran: Intishārāt-i Murtaḍawī, 2004.

Kashf: ʻAlī b. ʻĪsā al-Irbilī, *Kashf al-Ghumma fī Maʻrifat al-Aʼimma,* ed. ʻAlī Āl Kawthar, 4 vols, Beirut: al-Majmaʻ al-ʻālimī li-Ahl al-bayt, 2012.

Manāqib Abī Ḥanīfa: al-Muwaffaq b. Aḥmad al-Makkī (Akhṭab Khwārazm), *Manāqib al-Imām al-Aʻẓam Abī Ḥanīfa,* Hyderabad (India): Dāʼirat al-Maʻārif al-Niẓāmīya. 1903.

Manāqib al-Shāfiʻī: Abū Bakr Aḥmad al-Bayhaqī, *Manāqib al-Shāfiʻī,* ed. Aḥmad Ṣaqr, 2 vols, Cairo: Dār al-Turāth, 1970-71.

Maṭālib: Kamāl al-Dīn Ibn Ṭalḥa, *Maṭālib al-Suʼl fī Manāqib Āl al-Rasūl,* ed. al-Sayyid ʻAbd al-ʻAzīz al-Ṭabāṭabāʼī, Beirut: Muʼassasat al-Balāgha, 1998/9.

Murād: Giyāth al-Dīn al-Ḥammūyī, *Murād al-Murīdīn,* ed. Sayyid ʻAlī-Aṣghar Bāgirī-Fard and Zuhra Najafī, Tehran: Muʻassasa-yi Muṭāliʻāt-i Islāmī, 2011.

Qalāʼid: Ibn al-Shaʻʻār, *Qalāʼid al-Jumān fī Falāʼid Shuʻarāʼ Hādhā al-Zamān,* ed. Kāmil Salmān al-Jubūrī, 9 vols, Beirut: Dār al-Kutub al-ʻIlmīya, 2005.

Rashḥ: ʻImād al-Dīn Asʻad al-Iṣfahānī, *Rashḥ al-Walāʼ fī Sharḥ al-Duʻāʼ,* ed. Qays Bahjat al-ʻAṭṭār, n.p, n.d.

Tadhkira: Sibṭ Ibn al-Jawzī, *Tadhkirat al-Khawāṣṣ,* Muḥammad Ṣādiq Baḥr al-ʻUlūm, Najaf: al-Maṭbaʻ al-Ḥaydarīya, 1964.

ʻUmda: Ibn al-Biṭrīq al-Ḥillī, *ʻUmdat ʻUyūn Ṣiḥāḥ al-Akhbār fī Manāqib Imām al-Abrār,* ed. Saʻīd ʻIrfāniyān, 2 vols, Qom: Maktabat al-ʻAllāma al-Majlisī, 2015.

Wāfī: al-Ṣafadī, *Kitāb al-Wāfī bi-l-Wafayāt,* ed. Aḥmad al-Arnāʼūṭ and Tidhkī, 30 vols, Beirut: Dār Iḥyāʼ al-Turāth al-ʻArabī, 2000.

The Life of Ibn Ḥanbal: Ibn al-Jawzī, *The Life of Ibn Ḥanbal,* tr. Michael Cooperson, New York: New York University Press, 2016.

アルファフリー：イブン・アッティクタカー『アルファフリー』池田修・岡本久美子訳、全二巻、東京：平凡社、二〇〇四。
イラン憲法：『イラン・イスラーム共和国憲法』日本イラン協会編、野草茂基訳、東京：日本イラン協会、一九八九。

【二次文献】

Afsaruddin, Asma

1999 “In Praise of the Caliphs: Re-creating History from the Manāqib Literature,” *International Journal of Middle East Studies,* 31, pp. 329-350.

Ansari, Hasan and Schmidtke, Sabine

2013 “Between Aleppo and Ṣa‘da: The Zaydī Reception of the Imāmī Scholar Ibn al-Biṭrīq al-Ḥillī,” *Journal of Islamic Manuscripts,* 4, pp. 158-198.

Bernheimer, Teresa

2013 *The ‘Alids: the first family of Islam, 750-1200,* Edinburgh: Edinburgh University Press.

Dānishpazhūh, Muḥammadtaqī

1966 “ (Intiqād-i kitab) Kashf al-Ḥaqāyiq,” *Farhang- Īrān-zamīn,* 13, pp. 299-310.

Dādāshnizhād, Manṣūr

2010 “Barrasī-yi Kitāb-i Mafqūd *Ma‘ālim al-‘Itra al-Nabawīya*-yi Junābadhī,” *Muṭāli‘āt-i Islāmī: Tārīkh va Farhang,* 84, pp. 123-140.

Dechant, John

2015 “'The Colossal Elephant' Shaykh Aḥmad-i Jām: Legacy and Hagiography in Islam,” unpublished Ph.D. Dissertation, Indiana University.

Erginbaş, Vefa

2017 “Problematizing Ottoman Sunnism: Appropriation of Islamic History and Ahl al-Baytism in Ottoman Literary and Historical Writing in the Sixteenth Century,” *Journal of the Economic and Social History of the Orient,* 60, pp. 614-646.

Hartmann, Angelika

1975 *An-Nāṣir li-Dīn Allāh: Politik, Religion, Kultur in der späten ‘Abbāsidenzeit,* Berlin and New York: Walter de Gruyter.

Hodgson, Marshall G. S.

1974 *The Venture of Islam: Conscious and History in a World Civilization,* 3 vols, Chicago: Chicago University Press.

Ja'fariyān, Rasūl
2014/5 *Tārīkh-i Tashayyu' dar Īrān: az Āghāz tā Pāyān-i Qarn-i Nuhum-i Hijrī,* (New Editon), 2 vols, Tehran: Nashr-i 'Ilm.

Mahjoub, Mohammad-Dja'far
1988 "The Evolution of Popular Eulogy of the Imams among Shi'a," tr. John R. Perry, *Authority and Political Culture in Shi'ism,* ed. Said Amir Arjomand, New York: State University of New York Press, pp. 54-79.

Masad, Mohammad Ahmad
2008 "The Medieval Islamic Apocalyptic Tradition: Divination, Prophecy and the End of the 13th Century Eastern Mediterranean," unpublished Ph.D. Dissertation, Washington University in St. Louis.

Mitchel, Colin P.
2011 "Am I my Brother's Keeper?: Negotiating Corporate sovereignty and divine absolutism in sixteenth-century Turco-Iranian Politices," ed. Colin P. Mitchel, *New Perspectives on Safavid Iran: Empire and Society,* London and New York: Routledge, pp. 33-58.

Molé, Marian
1961 "Les Kubrawiya entre sunnisme et shiisme aux huitième et neuvième siècles de l'Hégire," *Revue des études islamiques,* 29, pp. 61-142.

Pierce, Matthew
2016 *Twelve Infallible Men: The Imams and the Making of Shi'ism,* Cambridge and London: Harvard University Press.

Sawada, Minoru
2012 "Pilgrimage to Sacred Places in the Taklamakan Desert: Shrines of Imams in Khotan Prefecture," *Central Asian Pilgrims: Hajj Routes and Pious Visits between Central Asia and the Hijaz,* ed. Alexandra Papas et al., Berlin: Klaus Schwarz Verlag, pp. 278-294.

大塚　修
二〇一七『普遍史の変貌――ペルシア語文化圏における形成と変容』名古屋：名古屋大学出版会。

菊地達也
二〇〇九『イスラーム教「異端」と「正統」の思想史』東京：講談社。

橋爪　烈
二〇一六　「「正統カリフ」概念の淵源としてのタフディール――スンナ派政治思想の発生」『歴史と地理：世界史の研究』二四八、一―一五頁。
森本一夫
二〇一〇　『聖なる家族――ムハンマド一族』東京：山川出版社。
森山央朗
二〇〇四　「シリアにおけるアリー誹謗とその否認――『ダマスクス史』の伝承の分析から」『オリエント』四七―一、四六―六五頁。
タバータバーイー、モハンマド＝ホセイン
二〇〇七　『シーア派の自画像――歴史・思想・教義』森本一夫訳、東京：慶応義塾大学出版会。

あとがき

筆者は2014年7月から2016年3月まで、松下幸之助国際スカラシップから助成を受けてイランに留学した。その後、日本学術振興会特別研究員となり2017年3月まで滞在を延長した。この期間、イランでは2015年の核合意成立を受けて諸外国からの観光客が増加するなど明るいニュースも多かった。円安リヤル高の日々は留学生としては厳しかったが、親切な友人たちに囲まれて充実した生活をおくることができた。だが、帰国直後の2017年6月にはテヘランでテロが起こり、2018年5月にはアメリカが核合意から離脱して制裁を再開すると発表するなど、イランにとって暗いニュースが相次いだ。9月に筆者がイランを再訪したとき、イランは経済的混乱の渦の中にあった。その時に留学中にお世話になった方々と再会したが、みな暗い表情であったことは本当に悲しかった。

留学中、イランでの指導教員であったテヘラン大学のラスール・ジャアファリヤーン教授（現在、テヘラン大学中央図書館館長）は、当初なかなか研究の方向性が決まらなかった筆者を辛抱強く指導し、テヘランを離れてコムに半年ほど滞在し集中的に研究を行うことを勧めてくれた。2017年春から秋にかけてコムに滞在して専門的な図書館を利用できたこと、そこでイスラーム法学、法源学、神学の基礎を学べたことは、現在の私の研究の土台となっている。ジャアファリヤーン教授の厳しくも温かい指導に感謝したい。また、日本での指導教員である東京大学の森本一夫教授には、イランで得た成果を博士論文に存分に生かせるよう、日々ご指導いただいている。留学後には精神的に辛い時期もあった筆者を絶えず鼓舞し、研究の進展を支えてくださった。森本教授からは、本書執筆にあたっても貴重なご意見やアドバイスを数多く賜った。また、東京大学のイスラム学専門分野に所属する大渕久志さん、平野貴大さんからは、イスラーム思想史の観点から本書の草稿に対し貴重な指摘やアドバイスをいただいた。

イラン留学という貴重な機会を与えてくださった松下幸之助記念財団にも感謝申し上げたい。そして、松下幸之助国際スカラシップフォーラム委員の方々には、フォーラムでの報告や本書執筆に関して、数多くのご支援とご協力をいただいた。風響社の石井雅社長からは、本書の構想から執筆にいたるまで、アドバイスや励ましの言葉をいただいた。ここで厚く御礼申し上げたい。

最後になったが、幼少期から歴史好きであった筆者を今日まで応援しつづけてくれた母の芳乃と、常に筆者の原稿の最初の読者として鋭い指摘をくれた妻の香織に感謝したい。

著者紹介

水上　遼（みずかみ　りょう）
1987年生まれ。茨城県出身。
東京大学大学院人文社会系研究科アジア史専門分野博士課程在籍。
主な論文に「イブン・アル＝フワティーの伝える13世紀後半の集団イジャーザ：バグダード・メッカ間およびバグダード・ダマスクス間の事例から」（『オリエント』57巻1号、pp. 62-71、2014年）、"Negāhī be zendegī va fa''ālīyathā-ye 'elmī-ye Ebn-e Fowaṭī: ta'līf-e *Majma' al-Ādāb* va ertebāṭ bā jāme'-e rowshanfekrān,"（*Āyene-ye Pazhūhesh,* no. 157, pp. 20-43, 2016. イランで出版されたペルシア語論文）がある。また、U-PARL編『世界の図書館から――アジア研究のための図書館・公文書館ガイド』（明石書店、2019年）で分担執筆者としてイランの5つの図書館を紹介した。

語り合うスンナ派とシーア派　十二イマーム崇敬から中世イスラーム史を再考する

2019年10月15日　印刷
2019年10月25日　発行

著者　水上　遼
発行者　石井　雅
発行所　株式会社　風響社

東京都北区田端4-14-9（〒114-0014）
Tel 03（3828）9249　振替 00110-0-553554
印刷　モリモト印刷

ISBN978-4-89489-417-4　C0022